Hexenmonde

1. Auflage, 2010

© 2010, Eilwen Guggenbühl

www.catlife.ch, www.wizardschool.ch

Herstellung & Verlag:
Books on Demand GmbH, Norderstedt, Deutschland

ISBN: 978-3-8391-6311-5

Hexenmonde

Wandeln im Jahreskreis

von

Eilwen Guggenbühl

Widmung & Dank

An meine Seelenschwester Sybille, die einen
wichtigen Beitrag zu diesem Buch geleistet
hat, denn wir haben zusammen ein Jahr lang
als „Feenkreis" ein „Anderswelt-Bulletin"
herausgegeben, das teils als Grundlage für
dieses Buch dient.

Hexenmonde

INHALTSVERZEICHNIS

Zu diesem Buch

Dieses kleine Büchlein führt Dich durch das Hexenjahr, mit kurzen Beschreibungen jeder Monatsenergie, dem wichtigsten Sternzeichen des Monats, seinen magischen Entsprechungen und den wichtigsten Hexenfeiertagen.

Es ist keine Einführung in die Magie, auch kein Arbeitsbuch, es sagt Dir einfach, wann wir wo stehen und welche Energien aktiv sind.

Der Jahreszyklus ist etwas, das wir ständig unbewusst oder bewusst wahrnehmen. Wir gehen durchs Jahr, folgen dem Lauf der Sonne und dem der Sterne. Manchmal halten wir vielleicht inne und nehmen wahr, was geschieht: Wie die Natur sich entwickelt, wie lange der Tag ist oder auch, welche Gefühle wir haben. Denn wir sind instinktiv mit dem Jahreszyklus verbunden. Seit Jahrtausenden ist der Mensch Teil des Zyklus von Auf und Ab, Werden und Sterben, Frühling, Sommer, Herbst und Winter. Die gleichen Sternbilder kommen und gehen, die Pflanzen spriessen, blühen, verwelken, sinken zusammen und werden von Schnee bedeckt.

Immer und immer wieder.

Mit diesem Buch möchte ich Dich einfach ein wenig dazu animieren, die Augen und Sinne offen zu halten. Die Energien des herrschenden Sternzeichens gelten nicht nur für die Menschen, die zu dieser Zeit geboren werden, sondern sie sind vorherrschend in der entsprechenden Zeit und lenken unser Sein.

Vielleicht spricht Dich auch der eine oder andere Hexenfeiertag an und motiviert Dich, ein Ritual zu machen oder die Göttin oder den Gott, der diesen Tag regiert, genauer kennen zu lernen. Oder Du möchtest die Jahreskreisfeste, die an den Sonnwendtagen und zu Anfang Februar, Mai, August und November stattfinden, bewusst feiern. Lade Freunde ein und zelebriere die Hexenfeste!

Die angegebenen Veranstaltungen finden 2010 in der Schweiz statt, ich gehe davon aus, dass sie (jedenfalls die grösseren davon) sich jedes Jahr wiederholen. Google danach, um ganz sicher zu gehen und die aktuellen Infos zu finden.

Ich hoffe, dass dieses Buch Dein Hexenjahr ein klein wenig bereichern kann.

Blessed Be

Eilwen

JANUAR

Nimm Dir Zeit zum Ausruhen und um Dich zu erholen. Alle Anlagen für inneren und äusseren Reichtum trägst Du bereits in Dir.

Monatscharakter

Schneemonat, Hartung, Eismonat, Jänner, Wolfsmond

Der erste Monat des Jahres ist nach dem römischen Gott Janus benannt, der mit zwei Gesichtern dargestellt wird. Eines der Gesichter des Janus schaut nach vorn, in die Zukunft, das andere nach hinten, in die Vergangenheit.

Janus ist der Gott der Tore, des Ein- und Ausgangs und im übertragenen Sinne jeglicher Art von Anfang. Der erste Januar ist das Hauptfest des Janus. Bei den Römern gingen die Menschen dann ihren Lieblingsbeschäftigungen nach und opferten dem Gott Weihrauch, Wein und Kuchen. Die Menschen beschenkten einander mit Lorbeer- und Palmzweigen, Datteln, Feigen, Honigkuchen und Münzen mit dem Januskopf.

Der Monat beginnt mit der Zeit der Wilden Jagd, mit den Raunächten, die im Dezember zur Wintersonnwende beginnen und am 6. Januar enden. Es ist eine wilde Zeit, in der die Andersweltwesen und die Seelen sich so richtig austoben. Viele Regeln sind in dieser Zeit ausser Kraft gesetzt und die Geister sind unterwegs und tun und lassen, was sie wollen. Wenn man jetzt träumt, heisst es, bekommt man einen Einblick ins neue Jahr.

Man kann sich den Januar als Monat vorstellen, in dem nachts die Wölfe im Schnee den Mond anheulen. Das trifft das Grundgefühl ziemlich gut. Alles ist weiss, kalt und liegt irgendwie brach, im Äusseren wie auch im Inneren. Wir warten auf etwas ohne zu wissen, worauf. Es beginnt eine Neuausrichtung – wir schliessen innerlich das alte Jahr ab und blicken nach vorne. Wünsche, Hoffnungen und Ideen werden noch nicht ganz geboren, aber doch immerhin gezeugt und reifen im Innern heran. Man hält Innenschau, sammelt in der Ruhe Kraft fürs neue Jahr und beschäftigt sich mit seiner inneren Landschaft.

Bei den Naturgeistern sind jetzt vor allem die Hausgeister aktiv, weil die Elfen, Gnome und Feen draussen in den Bäumen und der Erde genau wie die Pflanzen Winterruhe halten. Sie freuen sich jetzt noch mehr als sonst über kleine Gaben wie hin und wieder mal ein Weihnachtsguetzli. (Vermutlich frisst es nachts dann die Katze, aber es ist der Gedanke, der zählt).

Man kann auch Punsch und Cidre mit den Naturgeistern teilen und draussen aufs Wohl der Bäume, Sträucher und Blumen trinken. Diese alten Bräuche haben etwas Erdiges, Besinnliches und sind sicher eine Bereicherung unseres Alltags!

Tarotkarten	Der Narr (Neuanfang) und der Hohepriester
Ritualgegenstände	Räucherschale, Opferschale
Symbole	Schneeglöckchen, Eisblumen, Glücksschweinchen
Heilige	Kuchen, Getreide, Nüsse,
Nahrungsmittel	Winteräpfel, heisser Holundersaft, Ingwer, Gin
Kräuter	Majoran, Wacholder, Kardamom, Zimt
Blumen	Silberdistel, Nelke, Schneeglöckchen, Rose von Jericho
Tiere	Otter, Wolf, Ziege, Schwein, Schneegans
Götter	Janus, Inanna, die Nornen, Pax, Irene

Magische Entsprechungen

Ich beschreibe jeweils ganz kurz das Sternzeichen, das von Anfang des Monats bis ca. um den 22. herrscht (das ist nicht nur von Monat zu Monat verschieden, sondern auch von Jahr zu Jahr).

Seit der Wintersonnwende steht die Sonne im Steinbock. Der Steinbock ist eher ruhig, beständig, diszipliniert und ein guter Arbeiter, erdgebunden und sehr verantwortungsbewusst. Er weiss, wohin er geht, und kann recht ehrgeizig sein. Erfolg, etwas erreichen, ist ihm wichtig. Kompetenz, Struktur und Disziplin sind Steinbock-Wahrzeichen. Der Saturn, der ihn regiert, sorgt dafür, dass diese Menschen gerne die Kontrolle behalten und alles im Griff haben. Loslassen kann ihnen schwer fallen und vielleicht brauchst Du länger, bis Du einen Steinbock gut kennst, weil er eher zurückhaltend sein kann.

Die Farben des Steinbocks sind grün und schwarz, die Steine entsprechend Onyx, Gagat, Rauchquarz (alle schwarz oder grau), Malachit, Moosachat, Chrysopras (erdig aussehende Steine).
Kräuter und Aromen des Steinbocks und Saturns sind: Beinwell, Zypresse, Momose, Patchouli, Stiefmütterchen, Beifuss, Vetivert, Farnkraut und Eisenkraut. Der Samstag ist sein Tag (Saturday).

Ꮒimmⱡische&

Sternbild Steinbock, Capricornus (Mythologie)

Es heisst, der Steinbock ist eines der ältesten Sternbilder. Die Babylonier nannten es „Ziegenfisch", vermutlich, weil in dieser Zeit im roten und arabischen Meer die Ziegenfische schwärmen. Auch heute noch wird das Sternbild auf Sternkarten als ein Wesen mit dem Unterleib eines Fisches, dem Oberkörper und Kopf eines Steinbocks oder einer Ziege dargestellt.
In der Römerzeit wurde das Sternbild in Steinbock umbenannt.
Es gibt aus der griechischen Mythologie eine Geschichte, in der der bocksbeinige Gott Pan auf der Flucht vor dem

Monster Typhon ins Meer sprang. Pan wollte die Gestalt eines Fisches annehmen, aber das gelang ihm nur zur Hälfte. Daraufhin ging Typhon auf den Gott Zeus los und zerriss ihn. Pan und Hermes halfen Zeus und setzten ihn wieder zusammen. Der wieder hergestellte Zeus überwältigte daraufhin Typhon und versetzte als Happy End Pan in seiner Gestalt als Ziegenfisch an den Himmel, um ihn zu ehren.

Saturn, der Regent des Steinbocks (Mythologie)

Saturn wird gern mit dem griechischen Gott Chronos oder Kronos gleichgesetzt. Er ist der Sohn von Himmel und Erde, Uranus und Gaia oder römisch Tellus. Sein Geschlecht sind die Titanen, die Eltern, Onkel und Tanten der bekannteren griechischen und römischen Götter wie Zeus, Mars, Venus etc.

Saturn war ein Gott des Ackerbaus und der Ernte. Er ist stark mit der Erde verbunden. Man stellt ihn gern mit Sichel und Ährenbündel dar.

Er heiratete seine Schwester Rhea (römisch Ops), die ihm 6 Kinder gebar. Nachdem er seinen Vater, den Himmel, auf Bitte seiner Mutter entmannt und sein Geschlecht ins Meer geworden hatte, wurde er der Chef der herrschenden Götter, der Titanen. Aus dem abgeschnittenen Penis von Uranos entstand übrigens Aphrodite, die Liebesgöttin, die „Schaumgeborene aus dem Meer".
Da Kronos vorausgesagt worden war, dass ihn einst seine Kinder entthronen würden, frass er sie alle sofort nach der

Geburt auf, da sie aber Götter waren, lebten sie in seinem Bauch weiter. Das letzte Kind, Zeus oder Jupiter, wurde von Rhea auf Kreta versteckt, da sie es satt hatte, all ihre Kinder zu opfern. Sie gab ihm stattdessen einen in Tücher gehüllten Stein zu schlucken.

Es kam, wie es kommen musste: Zeus vertrieb, als er alt genug war, seinen Vater vom Götterthron und zwang ihn auch, seine Geschwister auszuspucken. Dies sind Poseidon, Hades, Demeter, Hestia und Hera. Poseidon ist der Gott des Meeres, Hades herrscht über die Unterwelt, Demeter ist die Korn- und Erntegöttin und die Göttin der Jahreszeiten, Hestia die Göttin des Herdfeuers und Hera die Göttin der Frauen und der Familie. Zeus heiratete Hera, die mit ihm über das Pantheon herrschte.

Und was wurde nun aus Kronos / Saturn? Nach der römischen Mythologie zog Saturnus mit seiner Frau nach Latium, das er mit viel harter Arbeit, Ausdauer und Fleiss furchtbar machte, und begründete dort auf dem Capitol das goldenen Zeitalter (Saturnia regna). Um dies zu feiern, wurden alljährlich Ende Dezember die Saturnalien abgehalten (siehe Dezember).

Hexenfeiertage im Januar

1. Januar: Neujahr

Neujahr ist nicht im eigentlichen Sinn ein Hexenfeiertag. Wir wünschen uns Glück und ein gutes neues Jahr, denn der Tag ist den Schicksalsgöttinnen, den Nornen, geweiht.

Sie sollen uns Glück und Segen bringen! Im Alten Rom wurde wie schon erwähnt Janus, der Gott mit den zwei Gesichtern, gefeiert. Wir können heute die Gelegenheit nutzen, um Karten zu legen und einen Ausblick ins neue Jahr zu bekommen, das alte Jahr bewusst abzuschliessen und dafür zu danken, was wir lernen durften.

2. Januar: Geburtstag der Göttin Inanna

Bei den Sumerern war Inanna die Königin des Himmels und der Erde. Sie symbolisiert die ausgewogenen oder sich bekämpfenden Kräfte zwischen Frau und Mann, Liebe und Krieg.

Wie alle Erdgöttinnen ist sie auch eine Fruchtbarkeitsgöttin. Ihr Aspekt der Kriegsgöttin deutet auf den ewigen Kampf zwischen Gut und Böse hin. Ihr Begleiter ist der Löwe (meist wird er als ein Löwenjunges dargestellt).

Inannas Geburtstag kann uns daran erinnern, dass auch Dinge, die auf den ersten Blick gegensätzlich aussehen, vereinbar sein können. Sie kann uns helfen, die Teile von uns in Einklang zu bringen, die sich zu bekämpfen scheinen. Zudem erfüllt sie uns mit der Kraft der Wüstensonne.

6. Januar: Tag der Dreifachen Göttin

Die dreifache Göttin vereinigt Jungfrau oder Mädchen, Mutter und Alte in derselben Person. So widerspiegelt sie den Lebenslauf und den Lebenskreis, der mit der Geburt anfängt und mit dem Tod endet.

Als dreifache Göttin ist sie auch die Herrscherin über diesen Lebenszyklus, denn sie bringt Leben hervor und stirbt, damit wieder neues Leben entstehen kann. Sie steht deshalb auch für Wiedergeburt und im übertragenen Sinn dafür, etwas zu Ende zu bringen, weil etwas Neues ansteht.

Erinnern wir uns an diesem Tag einfach bewusst an diesen Zyklus von Sterben und Werden. Wer möchte, kann sich in Weiss, Rot und Schwarz, die drei traditionellen Farben der Jungfrau, der Mutter und der Alten, kleiden. Es sind die klassischen Hexenfarben!

11 / 15. Januar: Carmentalia

Im Alten Rom wurden in dieser Zeit die Carmentalia gefeiert, die Tage zur Feier der Göttin Carmenta, der Göttin der Geburtshilfe und Weissagung und der Beschützerin der Hebammen. Vor allem Frauen, die sich eine leichte Geburt wünschten, besuchten dieses Fest. Als Hexen können wir in diesen Tagen für eine schwangere Freundin ein Kräutersäckchen herstellen oder einen Edelstein mit hilfreicher Energie laden.

24. Januar: Tag der Feuergöttinnen

In verschiedenen Kulturen werden heute die Feuergöttinnen verehrt. Diese wurden als Herdgöttin verehrt und als Flammengöttin gefürchtet.

Eine bekannte Vertreterin ist Hestia, eine der ältesten Göttinnen überhaupt. Sie ist Hüterin des Feuers und fordert uns auf, das Feuer in unserer eigenen Mitte zu hegen, uns um unsere Ganzheit zu kümmern und in der materiellen Welt den Platz einzunehmen, der uns zusteht und der zu uns als ganzheitliche Persönlichkeit passt.

30. Januar: Fest der Göttin Pax

Pax heisst auf lateinisch Frieden. Dieser Tag war der Friedensgöttin geweiht. Sie wird meist mit Olive, Olivenzweig, Füllhorn und einem Zepter abgebildet. Zudem findet man auch Darstellungen mit Lorbeer, Lanze, Helm und Schild. Teilweise wird sie auch als Göttin des Frühlings erwähnt. Sie ist eine der drei Horen, das sind die Stundengöttinnen, die über das geregelte Leben wachen. Bei den Griechen heisst diese Göttin Irene, ist ebenfalls die Personifizierung von Frieden und Wohlstand und wird als schöne junge Frau mit Füllhorn, Fackel und Zepter dargestellt. Vielleicht wäre heute ein guter Tag für einen kleinen positiven Zauber? Frieden und Wohlstand kann man immer brauchen.

Rezepte

Ich gebe hier jeweils ein Rezept zum den Monat dominierenden Sternzeichen an, in diesem Fall ist das der Steinbock. Er wird von Saturn regiert. Für die Wassermann-Rezepte musst Du also beim Februar schauen.

Steinbock-Räucherung

2 Teile Sandelholz
1 Teil Benzoe
1 Teil Patchouli
1 Teil Eisenkraut
1 Teil Tannenharz

Steinbock-Duftöl

Das Duftöl kann in der Aromalampe, als Zusatz für ein Badesalz oder eine Bademilch oder mit Trägeröl (ein duftneutrales, hautpflegendes Öl) vermischt als Massageöl verwendet werden.

1 Teil Patchouli
1 Teil Vetivert
1 Teil Zypresse
1 Teil Fichtennadel

FEBRUAR

Nimm Dir etwas Zeit für Dich, abseits des Alltags, um aus der Tiefe Deines Seins zu schöpfen. Du bist frei, wissend und gesegnet!

Monatscharakter

Hornung, Wilder Mond, Roter Mond, stürmischer Mond.

Der altdeutsche Name Hornung kommt von „hornen", das bedeutet „sich paaren" – langsam regt sich schon der Frühling.

Der heutige Name Februar kommt vom römischen Fest Februa, einem Sühne- und Reinigungsfest (februare heisst reinigen), das der Göttin Juno Februa gewidmet war. Es wurde Ende Februar gefeiert.

Das Hauptthema dieses Monats ist also Reinigung, Heilung und Wachstum.

Früher begann der Frühling mit dem ersten Februar, und am 2. Februar findet Lichtmess (keltisch Imbolc) statt, das Fest, an dem „offiziell" die Hausarbeit drinnen bei Kunstlicht eingestellt wurde und man sich darauf vorbereitete, wieder draussen auf dem Feld zu arbeiten. Man merkt ja jetzt schon, wie die Tage langsam wieder länger werden. Alles stellt sich darauf ein, dass das Licht zurückkommt.

Traditionell wurde im Februar auch das Haus gereinigt, um die Wintergeister auszutreiben. Draussen kann man schon nach ersten Zeichen beginnenden Lebens schauen (Zum Beispiel Blümchen wie Winterlinge oder Schnee-glöckchen). Dies ist sehr zu empfehlen, denn wir brauchen viel Licht und die Knospen und kleinen Anzeichen des Frühlings, die wir entdecken können, sind sehr motivierend!

Vieles gerät in Bewegung, oft noch im Verborgenen, unter der Erde. Die Feen erwachen auch langsam wieder. Die Lämmer werden geboren, was auch Hoffnung gibt, dass es weitergeht. Das Schlimmste des Winters liegt hinter uns. Was wir in der Ruhezeit des Winters, in der Zurückgezogenheit erlernt haben, kann nun anfangen zu wachsen und einst Früchte tragen. Es braucht aber Geduld. Langsam und stetig geht es voran.

Februar ist auch ein Monat der Naturgeister der Luft, weil doch oft stürmische Winde wehen. Nun umschwirren die Luftgeister uns mit besonders viel Elan! Die Feen lieben es, wenn man ihnen kleine Geschenke und Opfergaben anbietet. An Lichtmess kann man auch die ganze Nacht bis Sonnenaufgang eine Kerze ins Fenster stellen und brennen lassen (gut geschützt bitte!).

Tarotkarten	Die Mässigkeit, Ass der Schwerter (Beginn des Frühlings), Königin der Schwerter (Brighid)
Ritualgegenstände	Kerzen (Imbolc / Lichtmess), der Herd als Altar
Symbole	Spirale des ewigen Lebens
Heilige	Brot, Kuchen, Getreide, Fisch
Nahrungsmittel	
Kräuter	Brennessel, Brunnenkresse (blutreinigend)
Blumen	Lilie, Primel, Veilchen
Tiere	Otter, Puma, Katze
Götter	Brigid, Juno Februa, die dreifache Göttin (in ihrer Form als Jungfrau)

Magische Entsprechungen

Am Anfang des Monats steht die Sonne im Wassermann. Wassermänner (ein männlich-aktives Zeichen) mögen es originell und modern. Ihr regierender Planet ist der Uranus. Sie sind die Revolutionäre und Idealisten des Tierkreises, sehr unabhängig und kapriziös. Sie haben jede Menge Ideen, sind sehr kameradschaftlich und haben oft viele Freunde aus allen Gesellschaftsschichten. Sie interessieren sich für Menschen, egal für wen, und urteilen nicht nach dem ersten Aussehen.

Der Wassermann möchte die Gesellschaft verbessern und die Welt verändern, am besten heute und nicht erst morgen. Viele von ihnen sind politisch engagiert.

Steine für den Wassermann sind Amazonit, Chrysokoll, blauer Saphir, Türkis und Malachit (grüne und blaue Steine).

Kräuter und Pflanzen sind Mandeln, Akazie, Mimose, Pfefferminz, Zitrone, Lavendel, Zypresse, Patchouli und Fichtennadel. Als Farben können wir violett und dunkelblau zuordnen.

Ꜧimmꝲisches

Sternbild Wassermann, Aquarius (Mythologie)

Der Wassermann ist ein ziemlich ausgedehntes, aber nicht sehr auffälliges Sternbild. Er wird zu den ältesten Konstellationen gerechnet und man nimmt an, dass er für die Menschen des Altertums als Kalenderzeichen wichtig war. In seiner Umgebung finden sich noch weitere Sternbilder, die eine Beziehung zum Wasser haben (Fische, Delphin, Walfisch).

Zur mythologischen Herkunft des Namens gibt es mehrere Erklärungen.

Die beliebteste ist, dass der Wassermann Deukalion, den Sohn des Prometheus, darstellt, der die Sintflut der griechischen Mythologie überlebte und damit zum Stammvater aller Menschen wurde. Zeus wollte die Menschheit auslöschen, als er hörte, dass bei den Menschen Streit und Gewalt herrschten, und schickte eine Sintflut, aber Deukalion und seine Frau Pyrrha entkamen in einem kleinen Boot, in dem sie neun Tage und Nächte auf dem Wasser trieben, bis sie am Berg Parnass ankamen. Dort weissagte ihnen Apollon als Orakel, wie sie die

23

Menschheit retten könnten: Sie sollten die Gebeine der grossen Mutter (Steine) hinter sich werfen. Das taten sie, und aus den Steinen entstanden zu ihrem Erstaunen und ihrer Freude die neuen Menschen.

Uranus, der Regent des Wassermanns (Mythologie)

Wir haben Uranus oder Uranos bereits bei der Geschichte von Saturn kennen gelernt, er ist Saturns Vater.

Uranus ist der Himmel, seine Gattin, Gaia, die Erde. Sie sind der Ursprung der Titanen und der späteren Götter der Griechen und Römer (die Götter sind die Enkel von Himmel und Erde).

Uranos hat keine Eltern, er ist und war schon immer. Er ist der Himmel, der sich über die Erde spannt. Eine andere Version ist, dass er ohne Begattung aus der Erde entstand, um sie zu umschliessen.

Er hat viele Nachkommen: Die Titanen (Kronos / Saturn und seine Geschwister), die Zyklopen (einäugige Wesen) und die Hekatoncheiren (hundertarmige Wesen). Er konnte seine Kinder nicht leiden, also verbarg er sie in der Erde, bis es Gaia reichte und sie Kronos anstiftete, Uranos zu entmachten und zu entmannen. Den Rest der Geschichte kennen wir schon. Von Uranos hört man nichts weiter, er hat damit seinen Part in der Entstehungsgeschichte der Welt gespielt.

Ðexenfeiertage im Februar

1 / 2 Februar: Imbolc (Lichtmess)

Reinigen, Entgiften, Platz für Neues schaffen, Inspiration, Visionssuche

Göttin – Brigid, die jungfräuliche Göttin
Farben – Weiss, Gelb, Rosa
Symbole – Kerzen, Blumen (weiss, gelb, rosa)
Pflanzen – Weide, Zitrone, Erika, Veilchen, Eisenkraut
Öle – Jasmin, Aprikose, Vanille, Moschus
Steine – Rosenquarz, Amethyst, Citrin, farbiger Turmalin
(grün, gelb, rosa)

An der Wintersonnwende gebiert die grosse Göttin jährlich ihren Sohn, das Sonnenkind, den gehörnten Gott (zwei Beschreibungen für das gleiche „Wesen"). Nun, 6 Wochen später, hat sich die Göttin schon etwas von der Geburt ihres Sohnes erholt, ihre Genesung und Kraft sehen wir an der erwachenden Natur. Der Gott wiederum ist bereits zu einem Jungen geworden, der seine Kräfte zeigt, indem er die Natur erweckt. Die Pflanzen beginnen zu wachsen und so zeigen sich erste Frühlingsboten und Blümchen.

Imbolc ist ein Fest der Reinigung, des Lichtes und der Fruchtbarkeit. Es heisst auch Lichtmess oder genauer „Mariä Lichtmess", wobei Mutter Maria die Rolle der grossen Göttin einnimmt, Christus die des Sonnenkindes.

Durch die Rückkehr der Sonne, die nun deutlicher spürbar wird, kehrt das Leben in die Natur zurück. Wir fühlen den Drang, unsere vom winterlichen Rumsitzen verstaubten Lungen durchzulüften und die vom vielen Essen verschlackten Zellen zu reinigen, weshalb jetzt auch die Fastenzeit beginnt. Es ist eine gute Zeit, um zu reinigen, innen wie aussen, Dinge wegzuwerfen und Platz für Neues zu schaffen.

Imbolc heisst „die Lämmer zum Säugen anlegen", denn zu dieser Zeit erwartete man die Geburt der neuen Lämmer. Die Kelten feierten mit Imbolc die Wiederkehr des Lichts und begrüssten die Sonne.

Das Fest ist der keltischen Göttin Brigid (oder Brighid, Brigit) gewidmet, deren Name auf „bright" (hell, leuchtend) zurückgeht. Brigid ist die dreigestaltige Göttin des Feuers und bringt uns Inspiration. An Imbolc reitet sie auf einem Hirsch herbei und schüttelt die Bäume, um sie aufzuwecken. Auch die Samen weckt sie aus ihrer Winterruhe. Durch diese Eigenschaften verkörpert Brigid den Morgen, den Osten und den Anfang des neuen Jahreskreises.

Im Jahr 450 n.Chr. wurde die heidnische Göttin Brigid zur christlichen Heiligen Brigid. Ihr heiliges Feuer in Kildare, Irland, wird von 19 Priesterinnen bzw. Nonnen gehütet. Jeden 20. des Monats, so geht die Sage, erscheint Brigid und sieht selbst nach dem Feuer.

12. Februar: Fest der Diana / Artemis

Im alten Griechenland wurde an diesem Tag das Fest der Artemis begangen. Artemis stellt ursprünglich das Weibliche in all seinen Aspekten dar, auch wenn sie bei den Griechen auf die Bereiche Jagd, Geburt, Mond und Jungfräulichkeit spezialisiert war.

Ihr Vater Zeus fragte sie einst nach ihren Wünschen, als sie ein kleines Mädchen war. Sie antwortete, dass sie immer frei sein, mit ihren Hunden durch die Wälder ziehen und unabhängig bleiben wolle – und ganz bestimmt nie heiraten!

Sie blieb sich selber treu, lebte im Wald, wo sie auch ihre Liebhaber empfing, und beschützte die Tiere. Wegen ihrer Wesens- und Lebensart steht sie symbolisch für unsere Selbstbestimmung.

„Ich bin, die ich bin – und ich weiss, wer ich bin" ist ihr Wahlspruch. Für uns Hexen kann dieser Tag eine Möglichkeit sein, unsere eigene Unabhängigkeit und unser „sich-selbst-sein" zu feiern.

14. Februar: Lupercalia / St. Valentin

Im Alten Rom wurde an diesem Tag Lupercalia, das Fest der Wölfin, gefeiert. Dies zu Ehren der Wölfin, die Romulus und Remus, die Begründer Roms, genährt und aufgezogen hat. An diesem Tag der bedingungslosen Liebe und der Fruchtbarkeit beschenkten sich die Menschen gegenseitig.

Heute ist aus dem ehemaligen römischen Fest der Valentinstag geworden, der von vielen belächelt wird, da in allen Läden die roten Rosen ausgehen...

Trotzdem ist es schön, den ursprünglichen Brauch wieder aufzunehmen und an diesem Tag den Menschen, die wir lieben, dies auf eine persönliche Weise zu zeigen – so wie es Dir und dem geliebten Menschen entspricht. Ebenfalls ist der Tag energetisch sehr für Liebesmagie geeignet!

15. Februar: Tag des Pan

Heute ist der Tag des Pan. Dieser ist der altgriechische Gott der Berge, des Waldes und der Weiden. Er ist ein ausgelassener Geselle, der schöne Mädchen leidenschaftlich verfolgt und er symbolisiert Freude und Wildheit.

Dargestellt wird er als ein Mischwesen aus Mensch und Ziegenbock, die Spitzen seiner krummen Bockshörner reichen bis in den Himmel, der ganze Körper ist mit Haaren bedeckt. Er hält einen gebogenen Hirtenstab und eine Flöte aus Schilfrohr, die bekannte Panflöte, seine Kleidung ist ein Fell. In seiner Begleitung tanzen Nymphen, Satyrn und Silenen.

Pan pflegte in der sommerlichen Mittagshitze zu ruhen. Wurde er geweckt, löste er durch sein plötzliches Erscheinen bei Menschen und Tieren den nach ihm benannten „panischen Schrecken" (Panik) aus. Sein Name wird auch vom hebräischen pan oder phan abgeleitet, was einen „erschrockenen Menschen" bedeutet.

Gedeutet wird Pan als Sinnbild der Natur insgesamt. Ein idealer Tag also, um uns im Freien aufzuhalten und die Schönheiten der Natur zu geniessen.

26. Februar: Fest der Hygeia

Hygeia ist die altgriechische Göttin der Heilkunst. Ihr Name bedeutet „Gesundheit". Ihr heiliges Tier ist die

Schlange (vergleiche auch den Aeskulap-Stab, den Stab der Ärzte!).

Im Eid des Hippokrates wird Hygeia gleich nach Asklepios erwähnt. Als Inbegriff der Gesundheit verdanken wir der Hygeia den Begriff Hygiene.

Traditionsgemäss gingen die Menschen an diesem Tag zu Heilquellen um zu baden, Wasser zu trinken und Hygeia um Gesundheit zu bitten. Ein idealer Tag also für den Besuch im Hamam, einem Thermalbad oder für ein besonders wohlriechendes Vollbad zu Hause.

Rezepte

Hier findest Du Rezepte zum Sternzeichen Wassermann und seinem Regenten Uranus.

Wassermann-Räucherung

1 Teil Sandelholz
1 Teil Zypresse
1 Teil Mastix
1 Teil Kiefernharz

Wassermann-Duftöl

Das Duftöl kann in der Aromalampe, als Zusatz für ein Badesalz oder eine Bademilch oder mit Trägeröl (ein duftneutrales, hautpflegendes Öl) vermischt als Massageöl verwendet werden.

1 Teil Pfefferminze
1 Teil Lavendel
1 Teil Zypresse
1 Teil Zitrone

CÐÀRZ

Lass Deine Energie und Dein Licht bewusst in die Welt hinaus strahlen. Jeder Tag bringt neue Chancen!

CÐonatscharakter

Lenzmond, Samenmond, Erlenmond, Mond der knospenden Bäume

Bei den Römern war der März der Mensis Maritus, der Monat des Mars. Jetzt ist der Frühlingsanfang! Im römischen Kalender begann das Jahr nämlich mit dem März. Althochdeutsch „Lenz" (Lenzmond) bedeutet Frühling.
Ostara ist das Jahreskreisfest der Tagundnachtgleiche am 21. März. Ostern heute richtet sich nach dem Märzvollmond und findet am Sonntag nach dem ersten Vollmond nach Frühlingsbeginn statt (so ungefähr, die Berechnungen sind eher kompliziert).
Die Göttin Ostara kommt mit einem Gefolge aus Hasen (ein Symbol der Fruchtbarkeit), Hühnern und Blumen.
Dies ist eine schöne Zeit, Traditionen aufleben zu lassen und nach alter Manier Eier zu färben und sie zu verzieren, zu segnen und verschenken, auf dass sie Glück bringen mögen.
Gelbe Dekorationen machen sich schön auf dem Ostertisch und erinnern an die Sonne, die nun zu uns zurückkommt.

Alles keimt und erwacht. Wir stecken voller Energie und spüren den Frühling, im wahren wie auch im übertragenen Sinne. Die ersten Blumen blühen und die Gräser spriessen. Es wird wieder wärmer und wir geniessen jeden Sonnenstrahl. Das Wachstum ist in vollem Gange.

Auch für uns ist die Zeit, in der wir uns ausdehnen und entwickeln wollen, uns mit neuen Ideen auseinandersetzen und anfangen, diese in die Tat umzusetzen. Es wird ausgesät, sowohl in Gedanken als auch auf dem Feld. Wir pflanzen unsere Pflänzchen, die wir dieses Jahr wachsen sehen wollen. Die Vögel zwitschern und an manchen Orten finden Frühlingsumzüge statt, um die neue Zeit willkommen zu heissen.

Für Hexen ist dies eine passende Zeit für Fruchtbarkeitszauber und Zauber für die persönliche Entwicklung und für Wohlstand.

Die Feen empfehlen, das Haus mit Blumen zu schmücken, die man selbst gepflückt hat, viele Spaziergänge in der Natur zu unternehmen, um das Spriessen und Wachsen beobachten zu können, und dabei über unsere Pläne und unsere Zukunft nachzudenken.

Tarotkarten	Königin der Münzen (Reife, Fülle), Ritter der Stäbe (Gas geben, etwas Neues)
Ritualgegenstände	Trinkhorn, Füllhorn, Schale, Kelch
Symbole	Knospen, Hase, gefärbte Eier
Heilige	
Nahrungsmittel	Die ersten frischen Knospen, Eier, Fleisch von Hase, Kaninchen und Lamm, junger Wein

Kräuter	Besenheide, Irisches Moos, Huflattich, Geissblatt
Blumen	Krokus, Narzisse, Veilchen, Osterglocke
Tiere	Hase, Schaf, Reh, Hirschkuh, Huhn
Götter	Ostara, die grüne Göttin, Cerrunos, Freyr, Mars

Magische Entsprechungen

Während der Fische-Zeit zu Beginn des Monats, einem Wasserzeichen, geben wir uns der Mystik hin. Fische sind schwer zu packen und entgleiten einem ständig wieder. Sie schwimmen unter der Oberfläche, leben in einer anderen Welt, sind anmutig und feinfühlig. Das Abtauchen ist ein Selbstschutz, denn Fische sind sehr verletzlich und haben sehr starke Gefühle. Man sagt ihnen auch nach, dass sie aussersinnliche Wahrnehmungen haben.

Fische träumen sehr gerne und viel. Sie sind hilfsbereit, wobei aber die Gefahr besteht, dass das von anderen ausgenutzt wird. Sie sind gern allein, aber nicht grundsätzlich zurückgezogen, sie schätzen auch die Gesellschaft guter Freunde und lieber Menschen.

Die Fische werden von Neptun regiert. Ihre Steine sind Jade, Aquamarin, Opal, Mondstein und Amethyst, Ihre Farben sind grün und blau, die Farben des Meeres.

Pflanzen und Kräuter, die den Fischen zugeordnet sind, sind zum Beispiel Anis, Katzenminze, Salbei, Jasmin, Zitrone, Sandelholz und Eukalyptus.

Himmlisches

Sternbild Fische, Pisces (Mythologie)

Die Fische standen bei den Babyloniern in Verbindung mit der Göttin Ishtar, der Liebesgöttin.

Auch die Griechen verbanden das Sternbild mit ihrer Liebesgöttin, Aphrodite, und ihrem Sohn Eros. Die Geschichten ist die gleiche wie beim Steinbock: Als das Ungeheuer Typhon die Götter angriff, ergriffen sie alle die Flucht. Pan wurde zum Ziegenfisch (Steinbock) und stürzte sich ins Meer, Aphrodite und Eros sprangen in den Euphrat, wurden zu Fischen und entkamen. Als Fische sind sie nun am Himmel verewigt.

Andere Götter verwandelten sich in andere Tiere, Zeus zum Beispiel in einen Hammel, Apollon in einen Raben und Artemis in eine Katze.

Neptun, der Regent der Fische (Mythologie)

Neptun (römisch) entspricht dem griechischen Poseidon, einem Bruder des Zeus. Er ist der Gott des Meeres, der fliessenden Gewässer und Quellen. Verheiratet ist er mit Amphitrite, einer Meeresnymphe. Die beiden haben einen Sohn, Triton, und zwei Töchter, Rhode und Benthesikyme. Aber wie sein Bruder Zeus hatte Neptun oder Poseidon zahlreiche Liebschaften und somit noch viel mehr Nachkommen. Er kommt in vielen griechischen Sagen vor, meist als Nebenschauspieler. Eine Geschichte führt uns in ein interessantes Gebiet:

Mit einer Sterblichen, Kleito, hatte er fünf mal Zwillinge. Kleito lebte auf Atlantis und Neptun machte seine Kinder zu den zehn Königen von Atlantis, der Hauptkönig war Atlas (es gibt noch einen Atlas, einen Titanen, der das Himmelsgewölbe auf seinen Schultern trägt, das ist aber ein anderer).

Der Philosoph Platon hat Atlantis als Seemacht beschrieben und sagte, es habe „jenseits der Säulen von Herakles" gelegen. Laut Platons Aussage ist Atlantis in Folge einer Naturkatastrophe 10'000 v. Chr. „in einer einzigen Nacht" untergegangen.

Hexenfeiertage im März

1. März: Fest der Göttin Juno / Matronalien

Juno (griechisch Hera) ist die Gattin des Jupiter (Zeus), des „Chefs der Götter". Sie ist Vorsteherin des ehelichen Lebens und die Schutzgöttin verheirateter Frauen und der Familie. Ausserdem ist sie Bewahrerin des häuslichen Friedens und eine Muttergöttin.

Ebenfalls wurde am 1. März 1888 der Order des Golden Dawn gegründet, einer der bedeutendsten magischen Orden.

8. März: Internationaler Frauentag / Mutter Erde-Tag

Heute ist internationaler Frauentag, sozusagen ein Hexentag der Moderne. Es geht um die Rechte der Frau, ihren heutigen Stand hier und im Ausland sowie um unser Selbstverständnis und die – leider oft vermisste – Frauensolidarität.

Dieser Tag kann Anstoss sein für uns, sich mit unseren Ahninnen und Mutter Erde auseinanderzusetzen sowie uns unserer Beziehung zu unserer Mutter und unseren Grossmüttern und ihrer Prägung auf uns bewusst zu werden.

17. März: Liberalien

Im Alten Rom fanden an diesem Tag die Liberalien statt, ein Fest zu Ehren der Göttin Libera, die für die Freiheit und die Rechte der Frauen steht, worum sich die Römerinnen schon sehr früh bemühten – ein Vorreiter unseres Internationalen Frauentags! Ist schon spannend, wie weit solche Bemühungen zurückgehen!

Bei den Iren ist St. Patricks Day, einer der wichtigsten irisch-keltischen Feiertage. Grasgrün ist die vorherrschende Farbe, es gibt Paraden und Volksfeste. In Chicago wird sogar der Chicago River grün eingefärbt!

21. März: Alban Eiler / Ostara (Ostern)

Alte Gewohnheiten aufgeben, Bewegung und Aktivität, Wachstum, Atmen, Säen

Göttin – Ostara
Farben – alle Pastellfarben, hellgrün, grasgrün
Symbole – Eier, Kaninchen, Schmetterlinge, Raupen
Pflanzen – Krokus, Tulpe, Holunder, Schneeglöckchen, Osterglocken
Öle – Magnolie, Lavendel, Jasmin
Steine – Aquamarin, Rosenquarz, Mondstein, Amazonit

Die Göttin schenkt uns eine blühende, spriessende Natur. Ihr Sohn, der gehörnte Gott, ist nun zu einem stattlichen Jüngling herangewachsen.

Ab dieser Nacht sind die Tage länger als die Nächte. Nun können wir beginnen, unsere Gärten und Felder zu bepflanzen. Unsere Aufmerksamkeit gilt dem Aussen: Dem, was um uns herum passiert, was in der Welt geschieht.

Die vorherigen Feste waren eher besinnlich, doch jetzt feiern wir voller Lebensfreude und Enthusiasmus. Helle, bunte Farben und Fröhlichkeit sind nun angesagt. Man feiert mit Freunden und Familie, dass die Pflanzen wieder wachsen und die Natur endgültig erwacht ist. Alle haben jetzt Kraft und Saft, um Dinge auf die Beine zu stellen und Neues zu beginnen. Aufbruchsstimmung herrscht. Wünsche für das kommende Sonnenjahr werden ausgesprochen, Hoffnungen und Erwartungen in den Hexenkessel gegeben. Mit gefärbten Eiern und Bändern in den

Bäumen, mit Kuchen in Form eines Hasen oder Huhnes auf dem Altar feiern wir den Frühling. Ostara ist das neuheidnische Osterfest. Früher wurde ein Fest zu Ehren der Göttin Eostre am 30. März abgehalten (siehe weiter unten).

30. März: Fest der Göttin Eostre

Heute wurde das Fest der keltischen Frühlingsgöttin Eostre begangen. Ihr heiliges Tier ist der Hase, und ihr Symbol sind rot gefärbte, Fruchtbarkeit bedeutende Eier. Schon die keltischen Kinder gingen „Eier suchen" und Rituale fanden statt, die die Fruchtbarkeit bei Mensch und Tier positiv beeinflussen sollten.

31. März: Mondgöttin Luna

Bei den Alten Römern war dies der Festtag der Mondgöttin, Luna. Männer schenkten ihren Frauen Lunula-Anhänger (lunula = „Möndchen"), silberne Monde, die den Schutz der Göttin Luna brachten, die Glück, Gesundheit, Liebe und Geld anzogen.
Besonders für Frauen hat der Mond eine spezielle Bedeutung, und viele fühlen den Einfluss der Mondphasen physisch und psychisch. Es gibt viele Bücher über den Mond, Mondgöttinnen und entsprechende Rituale.

Veranstaltungen

Ca. am ersten Märzwochenende findet in Zürich im Kongresshaus die Lebenskraft-Messe statt. Es handelt sich um eine Esoterik-Messe, die von Donnerstag bis Sonntag dauert.

Infos findet man im Internet, suche nach „Lebenskraft, Zürich", oder versuch es mit www.lebenskraft.ch.

Rezepte

Hier findest Du Rezepte zum Sternzeichen Fische und seinem Regenten Neptun.

Fische-Räucherung

1 Teil Sandelholz
2 Teile Zypresse
1 Teil Mastix
1 Teil Kiefernharz

Fische-Duftöl

Das Duftöl kann in der Aromalampe, als Zusatz für ein Badesalz oder eine Bademilch oder mit Trägeröl (ein duftneutrales, hautpflegendes Öl) vermischt als Massageöl verwendet werden.

1 Teil Pfefferminze
2 Teile Lavendel
1 Teil Zypresse
1 Teil Zitrone

Αpril

Vertraue Deinen Visionen und geh voller Vertrauen Deinen Weg. Jetzt ist die richtige Zeit, um mutig voran zu schreiten!

Ϻonatscharakter

Saatmond, Hasenmond, Pflanzermond, Ostermond

Die Aprilis ist eine römische Version der griechischen Aphrodite, der Göttin der Liebe. Aperire bedeutet öffnen, und so „öffnet" sich mit dem April auch die Natur und das Jahr. Aprilis ist ein Tor zum Leben.

Der April hat aktives Gestalten und den Beginn neuer Projekte, Selbsterkenntnis und Selbstvertrauen zum Thema. Unsere Erwartungen richten sich nach der stärker werdenden Sonne und den Tagen, die immer länger werden. Unsere Sinne und Aktivitäten richten sich nach aussen und draussen sein ein. Es beschleicht uns ein Gefühl der unbegrenzten Möglichkeiten, die wir spielerisch ausprobieren möchten.

Der Hase als Tier der Fruchtbarkeit und Symboltier der Göttin Ostara und des Osterfestes ist ein wichtiges Tier des Aprils, auch wenn das Fest je nach Vollmond manchmal schon in den März fällt. Dennoch ist sein Thema, die Fortpflanzung, allgegenwärtig. Auch in der letzten Nacht des Monats, der Beltaine-Nacht, wird von alters her das Fruchtbarkeitsfest gefeiert. Bei uns ist diese Nacht als Walpurgisnacht bekannt und die Hexen fliegen

41

um den Blocksberg (ich weiss immer noch nicht, wo der liegt, also fliege ich eben nicht). Wir feiern Freiheit und Ausgelassenheit, Liebe und Fruchtbarkeit.

Auch die Feen zeigen sich uns in dieser Nacht vermehrt. Pflanzendevas helfen den Menschen bei Ansäen und den Pflanzen beim Wachsen.

Der April ist eine gute Zeit, um sich Träumen hinzugeben, die eine Basis für Pläne sind, die wir uns machen. Der Hasenvollmond unterstützt dies besonders: Wir können im Mond Abbilder der Anderswelt sehen. Günstig sind auch Liebesrituale, denn der Monat ist von Liebe erfüllt. Geniesst sie!

Die bemalten Eier übrigens, die wir mit Ostern in Verbindung bringen, sind auch Fruchtbarkeitszauber. Wenn man sie nach der Methode färbt, die im März beschrieben ist, hat man den Vorteil, dass sich mit den Blüten und Blättern die Kräfte der Naturfeen auf die Eier übertragen – was will man mehr? Gelb und Rot sind Farben des Lichts, wir ehren damit die Sonne. Man kann den ganzen Frühling über kunstvoll verzierte Eier geniessen, nicht nur an den Ostertagen!

Tarotkarten	König der Stäbe, Ritter der Münzen
Ritualgegenstände	Räucherschale, Kessel, Feder (zum Anfachen der Räucherkohle)
Symbole	Rosen
Heilige	Getreide (Cerealien), Honig,
Nahrungsmittel	Rindfleisch
Kräuter	Ysop, Olibanum (Weihrauch), grüner Pfeffer

Blumen	Narzisse, Hyazinthe,
	Gänseblümchen, Wicke
Tiere	Schaf, Stier, Eichhörnchen
Götter	Aphrodite, Artemis, Ishtar, Ceres

Magische Entsprechungen

Mit dem Widder sind wir in einem männlich-aktiven, feurigen, vorpreschenden, mit gesenktem Kopf durch die Wand gehenden, „ich will"-Zeichen. Sein Regent ist der Mars.

Widder sind direkt, dickköpfig und stark. Sie können Gas geben und zupacken und sie haben „einen Grind" (schweizerdeutsch für Dickkopf). Man kann sie kaum aufhalten, sie haben einen kämpferischen Aspekt und werden von Mars regiert. Rot und Gold sind ihre Farben, und man kann sich einen von zwei Widdern gezogenen Streitwagen als Metapher vorstellen.

Aktion, die Liebe zum Leben, neue Anfänge, Tatkraft und Feuer sind Stichworte dieser Zeit und dieses Zeichens. Impulse und Impulsivität gehören dazu.

Dem Widder ordnen wir rote Steine und solche, die das Wurzelchakra ansprechen zu: Granat, Hämatit, roter Jaspis, Rhodochrosit, Rubin.

Kräuter und Gewürze, die zum Widder gehören, sind Piment, Asafoetida (dieses stinkende Zeug das in indisches Essen kommt und in ganz kleinen Mengen wirklich „indisch" schmeckt), Kreuzkümmel, Zimt,

43

Fenchel, Pfefferminze, Kakteen, Zypresse, Stachelbeere und Eisenhut.

Da der Widder von Mars regiert wird, der auch den Dienstag bestimmt, gehören die beiden zusammen.

ḣimmḷisches

Sternbild Widder, Aries (Mythologie)

Der Widder ist als Sternbild klein, aber markant. Man kennt ihn seit dem 3 Jahrtausend vor Christus. Er hängt mit der Geschichte der Argonauten und dem goldenen Vlies zusammen: König Athamas wollte seinen Sohn Phrixos als seinen Nachfolger bestimmen, aber seine zweite Frau und Stiefmutter Phrixos', Ino, war dagegen, sie hätte lieber ihren eigenen Sohn auf dem Thron gesehen. Sie ergriff eine List, um Phrixos aus dem Weg zu räumen: Sie liess die Saat für das kommende Jahr verderben. Als die Ernte ausblieb, liess sie ihrem Mann einen gefälschten Orakelspruch überbringen, der verlangte, dass Phrixos geopfert werde, dann würde die Ernte doch noch gut werden. Verzweifelt wollte Athamas schon seinen Sohn umbringen, da schickten die Götter einen goldenen Widder zur Rettung von Phrixos, der in Begleitung seiner Schwester Helle auf den Rücken des Tieres stieg und davonritt. Beim heutigen Hellespont (griechisch: „Meer der Helle") fiel Helle hinunter und stürzte ins Meer.

Der Widder brachte Phrixos bis nach Kolchis, wo er ihn bat, ihm das Fell abzunehmen und ihn zu opfern. Das goldene Vlies finden wir in der Argonautensage wieder, den Widder aber am Himmel, wohin er zum Dank versetzt wurde.

Mars, der Regent des Widders (Mythologie)

Der römische Mars wird mit dem griechischen Ares, dem Kriegsgott, gleichgesetzt, er war bei den Römern allerdings wichtiger als Ares bei den Griechen, nämlich fast so wichtig wie Jupiter, der Hauptgott. Er hat Verbindungen zur Fruchtbarkeit, was Ares nicht hat, und wurde sehr verehrt: Es gab Prozessionen und Spiele zu seinen Ehren.

Mars ist der Sohn von Jupiter und Juno (griechisch Zeus und Hera). Er ist der Geliebte der Venus (Aphrodite) und ein grosser Krieger – er mischt sich in alle Kämpfe ein, seien es nun menschliche oder göttliche. Man stellte ihn sich als personifizierte Männlichkeit vor, als einen schönen Mann, kraftvoll, stark und geschickt im Umgang mit den Waffen.

Hexenfeiertage im April

1. April: Venus

Im Alten Rom feierte man heute die Veneralien, ein Fest zu Ehren der Göttin Venus, der Liebesgöttin schlechthin. Venus gebietet über Leben und Tod, über die Sexualität, die Fruchtbarkeit und alles Wasser auf der Erde. Es wurde Olibanum (kostbarer Weihrauch) als Opfergabe auf den Altären der Venus verbrannt und die Männer schenkten den Frauen Rosen als Symbol der göttlichen Sexualität. Dies ist ein interessanter Aspekt, wen man bedenkt, dass die Rose in unserer heutigen, teilweise übersexualisierten Welt, „nur" noch Symbol der Liebe ist.

Der erste April ist also nicht nur ein Tag zum Scherzen, sondern auch um die Liebe in all ihren Facetten zu zelebrieren.

5. April: Kwan Yin

In China und Japan ist heute das Fest der Kwan Yin, der Göttin des Mitgefühls, der Barmherzigkeit, der Gnade und der Toleranz.

In der westlichen Mystik wird sie als aufgestiegene Meisterin bezeichnet.

Kwan Yin hilft uns, unser Herz zu heilen. Sie erwartet keine Anbetung und keine aufwändigen Rituale, Du kannst sie einfach um Hilfe bitten. Wenn Du Trauer oder Schmerz empfindest, kannst Du mit ihr Kontakt aufnehmen, um Trost und Heilung zu erfahren. Um ihre Hilfe zu erbitten, können violette Kerzen und auf (Reis-) Papier geschriebene Wünsche auf dem Altar platziert werden.

Wenn Du einen Regenbogen siehst, könnte das ein Gruss von Kwan Yin sein, der Dir bestätigt, dass Sie zur Stelle ist, wenn Du ihre Unterstützung benötigst.

13. April: Cerialien

Auch dieser Feiertag geht auf die Feierlichkeiten im Alten Rom zurück. Man ehrte heute die Göttin Ceres, die den

Menschen die Kunst des Ackerbaus beibrachte. An diesem Tag zogen die Römer mit Fackeln auf ihre frisch eingesäten Felder, um mit einem Tanz das Wachstum der Saat anzuregen und um fruchtbare Ernte zu bitten. Man verschenkte einander kunstvoll geformte Brote mit dem Wunsch, immer genug zu essen zu haben.

Ein idealer Tag, um uns unserer materiellen und geistigen Fülle bewusst zu werden und sie zu manifestieren. Den Mangel – welcher Natur auch immer – erschaffen wir immer nur aus uns selbst heraus. Wenn wir uns auf die Fülle in allen Lebensbereichen konzentrieren, werden wir sie deshalb auch erfahren.

15. April: Bastet

Dies ist der Feiertag der altägyptischen Katzengöttin Bastet. Ein wunderbares Fest, denn zu Ehren Bastets taten die Menschen an diesem Tage genau das, was ihnen Spass machte – Bastet ist die Göttin der Freude.

Selbstverständlich wurden die heiligen Tempelkatzen heute besonders verwöhnt, und die ägyptischen Priesterinnen verteilten Kuchen in Form von Mäusen an die Bevölkerung. Menschen bemalten sich die Gesichter mit Katzensymbolen und es herrschte Freude und Ausgelassenheit.

Vielleicht feiern die Katzenbesitzer unter Euch diesen Tag mit ihren „heiligen" Vierbeinern und freuen sich mit ihnen über die ausgeprägte, manchmal nervige, meist aber bezaubernde Kapriziosität unserer pelzigen Gefährten.

22. April: Ishtar

Heute feierten die Babylonier die Göttin Ishtar (Astarte). Ihr Name bedeutet „Stern" und sie steht für Sinnlichkeit, lustvoll gelebte Sexualität, das Leben und das Licht, das als Stern auch in der Nacht leuchtet.

Ishtar fordert uns auf, alle Aspekte unseres Lebens zu umarmen und unsere Körperlichkeit mit Freude, Hingabe und allen Sinnen zu (er-)leben.

30. April / 1. Mai: Beltaine / Walpurgisnacht

Fruchtbarkeitsfest: Sinnlichkeit, Erleben, Vereinigung – Synergie, Feuer, Liebe, Wachsen

Göttin – Aphrodite, Freya
Symbole – Kelch, Blütenkränze, Feuer
Farben – Rot, Grün, Weiss
Pflanzen – Apfel, Rose, Flieder, Schlüsselblumen, Farn, Mädesüss
Öle – Rose, Vanille, Moschus, Tonkabohne, Ylang-Ylang
Steine – Malachit, Rosenquarz, Beryll, Smaragd

Beltaine, bei uns Walpurgisnacht genannt, ist das grosse Fest des Lebens und der Liebe. Es beginnt bei Sonnenuntergang des 30. April und dauert bis zum Sonnenaufgang des nächsten Morgens.

Im Jahreskreis feiern wir, dass die Göttin den gehörnten Gott zum Gefährten nimmt und von ihm ihr Kind empfängt. Die junge Frühlingsgöttin vermählt sich also mit dem Gott der Wälder, und die Menschen taten es den

Göttern gleich, indem sie Fruchtbarkeitsrituale begingen und miteinander schliefen, teilweise in Ackerfurchen oder im Wald, um das Wachstum der Natur anzuregen und als Teil des gesamten Zyklus das ihrige beizutragen.

Während der Beltaine-Festivitäten wurde das Vieh zwischen zwei Feuern durchgetrieben, um speziell seine Fruchtbarkeit und generell seine Gesundheit zu fördern. Auch die Menschen sprangen über die Feuer, um sich zu läutern und Kraft zu tanken.

Der Maibaum, den man noch an manchen Orten kennt und findet, ist mit Beltaine respektive den Fruchtbarkeitsriten verbunden. Traditionell handelt es sich dabei um eine Birke, um die (vorzugsweise von jungen Frauen) in einem Tanz bunte Bänder geschlungen werden.

Im Mai und Juni heiratet es sich besonders gut, es sind die Monate der Liebe.

Rezepte

Hier findest Du Rezepte zum Sternzeichen Widder und seinem Regenten Mars.

Widder-Räucherung

2 Teile Weihrauch
2 Teile Zedernholz
1 Teil Copal
1 Teil Wacholder

Widder-Duftöl

Das Duftöl kann in der Aromalampe, als Zusatz für ein Badesalz oder eine Bademilch oder mit Trägeröl (ein duftneutrales, hautpflegendes Öl) vermischt als Massage-öl verwendet werden.

2 Teile Petitgrain
1 Teil Nelke
1 Teil schwarzer Pfeffer
1 Teil Ingwer

ⲘAI

Bringe Ausgeglichenheit und Balance in Dein Leben. Tue das, was zu tun ist, ohne Hast und im Vertrauen auf Spirit.

Ⲙonatscharakter

Wonnemond, Freudemond, Blütenmond, Feenmond

Der Name des Mai kommt von Maia oder Maria, der Göttin des Frühlings und damit des neuen Lebens. Er wurde auch Maria, der Muttergottes, gewidmet.

Wie man am Wonnemond schon erkennen kann: Es geht um die Liebe, die ja besonders in der Nacht vom 30. April auf den 1. Mai gefeiert wird (Walpurgisnacht oder auch Beltaine-Fest genannt).

Schon sind auch die ersten Früchte der Liebe, junge Tiere, zu sehen. Einerseits ist Reinigung angesagt, also Altes wegwerfen, Frühlingputz, Aura-Reinigung durch die ersten Sonnenstrahlen, andererseits gibt die Natur jetzt Vollgas und alles spriesst, wächst und blüht. Aus zarter Verliebtheit kann Leidenschaft oder tiefe Liebe werden, für Ausgelassenheit und Feiern ist jetzt die richtige Zeit.

Die Feen freuen sich, wenn Du einmal bei Sonnenaufgang hinausgehst, Deine Füsse im frischen Morgentau badest und die ersten Sonnenstrahlen Dein Gesicht küssen dürfen. Rieche die frischen Aromen von Kräutern und Blumen, die in der Luft liegen. Geniesse einfach die Welt, die jetzt zu vollem Leben erwacht. Nun ist die Zeit dazu.

Feen lieben Überraschungen. Wie wäre es, ihnen einen kleinen Altar im Garten zu bauen oder ein Feenhäuschen zu installieren? Mit Muscheln oder Steinen verziert, die Du selbst gesammelt hast, finden sie es besonders schön.
Wenn dann Vögel, Schnecken und andere Gäste vorbeikommen, weisst Du, dass die Feen sich hier wohl fühlen.

Tarotkarten	Die Herrscherin, der Hohepriester
Ritualgegenstände	Rassel, Kelch, Dolch, Schwert
Symbole	Frische grüne Kräuter, Feen und Elfen
Heilige	Frische Kräuter, Waldmeister,
Nahrungsmittel	Safran, Erdbeeren
Kräuter	Löwenzahn, Frauenmantel, Brennessel
Blumen	Rose, weisse Lilie, Weissdorn
Tiere	Singvögel, Maikäfer, Stier, Hirsch
Götter	Faunus, Flora, Pan

Magische Entsprechungen

Der Mai beginnt mit dem lebenslustigen Stier, einem Erdzeichen, weiblich, passiv, aber keineswegs langweilig. Die starke Erdverbundenheit macht ihn umgänglich und friedlich.
Da der Stier von der Venus regiert wird, ist er ein leidenschaftliches und sinnliches Zeichen. Er kann schnell

wütend werden, dann geht man ihm am besten aus dem Weg, statt noch rote Tücher zu schwenken!

Seine Energie ist kreativ und produktiv. Der Stier überstürzt die Dinge nicht, sondern geht bedächtig vor, er arbeitet hart für das, was er liebt und was ihn glücklich macht. Er ist geduldig und hat es selten eilig. Meist sind Stiermenschen gutmütig, dauerhaft und zuverlässig, viele von ihnen haben eine praktische Ader und die meisten mögen die schönen Dinge im Leben und den sinnlichen Genuss (nicht nur die Liebe, sondern auch Essen, Zusammensein und allgemein Geniessen).

Steine für den Stier sind Goldtopas, Koralle, Smaragd, Rosenquarz, Lapislazuli und Bernstein.

Kräuter, Pflanzen und Aromas können sein: Apfelblüten, Rose, Narzisse, Hyazinthe, Ysop, Vanille, Orchidee, Gänseblümchen, Patchouli und Thymian. Auch Apfel, Kartoffel, Kirsche, und Birne gehören zum Stier.

Seine Farben sind grün (Venus, frisch erwachte Natur) und rot (Liebe und Leidenschaft), sein Tag der Freitag.

Dimmlisches

Sternbild Stier, Taurus (Mythologie)

Der Stier geht auf eine Liebesgeschichte des Zeus zurück. Auch er ist eines der ältesten Sternbilder und gut zu erkennen. Die Plejaden, das sogenannte Siebengestirn, ein offener Sternhaufen, befinden sich im Stier.

Zeus wollte die schöne Europa verführen und schickte ihr einen Stier, der sie entführen und zu ihm bringen sollte (es gibt auch eine Version, in der er sich selbst in den Stier verwandelt). Zuerst hatte sie zwar Angst vor dem grossen Tier, begann ihn dann aber zu kraulen und er küsste ihre Hände, so dass sie sich sogar auf seinen Rücken setzte. Sofort entführte er sie nach Kreta.

Später verliebte sich der Stier in Kreta in die Königin Pasiphae, mit der er den Minotaurus zeugte, ein Ungeheuer, das halb Mensch und halb Stier war (oben Stier, unten Mensch). Der Meeresgott Poseidon bestrafte den Stier für diese Missetat und liess ihn von da an Feuer speien. Herakles fing den Stier später ein und brachte ihn nach Griechenland, wo er aber alles verwüstete und am Schluss von Theseus getötet wurde.

Vermutlich hatte dann Zeus doch Mitleid mit dem armen Tier, das ja (wenigstens am Anfang) nur seinen Job gemacht hatte, und versetzte es an den Himmel ;-).

Venus, die Regentin des Stiers (Mythologie)

Venus ist die römische Liebesgöttin, die allgemein mit der griechischen Aphrodite und gern auch mit der germanischen Freya gleichgesetzt wird.

Früher vertrat man die Ansicht, Venus sei neben ihrer Aufgabe als Göttin der sinnlichen Liebe und Lust auch eine Göttin des Frühlings, der Gärten und des Ackerlandes. Es sind für diese „Zuständigkeitsgebiete" allerdings keine kultischen Riten bekannt. Dafür weiss man, dass Venus in ihrer Form als Venus Libitina auch die

Totengöttin war, in deren Tempel alles für eine Beerdigung Notwendige aufbewahrt wurde.

Wichtig war auch ihre Aufgabe als Stammesmutter der Römer. Sie soll mit dem trojanischen Helden Anchises einen Sohn, Aenaeas, gezeugt haben, der Stammvater der Römer wurde. Besonders die Julier (die Familie von Julius Caesar) nahmen für sich in Anspruch, direkt von Aeneas und somit Venus abzustammen.

Aphrodite, die griechische Version, ist als Göttin der Liebe, Sinnlichkeit und Sexualität bekannt. Sie war mit Hephaistos (Vulkan), dem Gott der Vulkane und der Schmiedekunst, verheiratet. Man sagt ihr allerdings viele Affären nach, ihr bekanntester Geliebter ist Ares (Mars), mit dem sie z. B Eros (Amor oder Cupido), den Liebesgott, gezeugt hat.

Geboren wurde sie im Meer, als das Geschlecht von Uranos ins Wasser viel, nachdem Kronos (Saturn) diesen auf Geheiss seiner Mutter Gaia entmannt hatte. Man nennt sie deshalb „die Schaumgeborene", geboren aus dem Meeresschaum auf den Wellen.

Hexenfeiertage im Mai

1. Mai – Beltaine

Beltaine wurde im letzten Monat beschrieben.

4. Mai – Sheela-na-Gig

In Irland feierte man heute das Fest der Göttin Sheela-na-Gig. Sie ist sowohl Göttin der Fruchtbarkeit als auch des Übergangs und somit des Todes. In Irland zieren zahlreiche Sheelas verschiedene Kirchen, trotz der „unsittlichen" Darstellung (sie wird meist mit weit offener Vulva und gespreizten Beinen gezeigt). Der irische Klerus sah die Sheela-na-Gig im übertragenen Sinn als Glücksbringerin. Schliesslich werden durch den offenen Schoss Kinder geboren – und somit steht Sheela auch für das Geschenk des Lebens.

Sheela-na-Gig ist eine Hüterin, keine Bewahrerin. Sie konfrontiert Dich mit den Fragen „Woher kommst Du" und „Wohin gehst Du?". Ein guter Tag, sich mit den Antworten dazu auseinanderzusetzen und uns über unseren Lebensweg bewusst zu werden.

9, 11, 13. Mai – Lemurien

Lemuria oder die Lemurien sind ein Fest zu Ehren der Verstorbenen. Die Lemures, die rastlosen Geister, materialisierten sich an diesem Tag (sagt man) und geisterten durch die Häuser, in denen sie einst lebten. Wie genau das Fest gefeiert wurde, weiss man nicht, Ovid beschreibt aber einen Ritus, der von Abwehrzaubern geprägt ist – wir können also annehmen, dass es eher Angst denn Ehrerbietung und Liebe war, die diese Tage für die Römer prägte.

18. Mai – Pan

Im Alten Griechenland war heute das Fest des Pan, dem Gott der Tiere, der Hirten, des Wachstums, der lebendigen Natur und der Männlichkeit. Pan ist halb Mann, halb Ziegenbock und ein typisches Kind der Erdmutter Gaia. Seine Aufgabe ist es, für das Wohlergehen von Tieren und Pflanzen zu sorgen. Zudem wird ihm nachgesagt, dass er Paare beim Liebesspiel beobachtet und sie dabei musikalisch auf seiner (Pan-) Flöte begleitet. So hat Pan einen halb erotischen und halb erheiternden Charakter.

Bei Schwierigkeiten mit der Gesundheit von Tieren oder dem Wachstum von Pflanzen kann er um Hilfe gebeten werden. Um ihn zu ehren, stelle Blumen und Zweige als Schmuck im Haus auf, spiele Musik und verwöhne Deine Haustiere.

19. – 28. Mai – Kallyntarien

Die Kallyntarien sind der Ursprung unseres heutigen Frühjahrsputzes. In dieser Zeit reinigten die Alten Griechen ihre zahlreichen Tempel. Nicht nur die Altartücher und die Gewänder der Priesterinnen wurden gewaschen, selbst die Statuen wurden entfernt und in nahe gelegenen Flüssen geschrubbt.

Wenn alles sauber war, wurden die Tempel mit Blumen und Baumblüten geschmückt und man traf sich zum wohlverdienten Festmahl nach getaner Arbeit.

Der Frühlingsputz ist uns geblieben – das Belohnen danach sollten wir wieder einführen.

23. Mai – Rosalien

Im Alten Rom beging man heute die Rosalien, ein Blumenfest zu Ehren der Blüten- und Liebesgöttinnen Venus und Flora.

Die Eisheiligen sind vorbei – die Rosalien erinnern uns daran, dass es jetzt Zeit ist, Sommerblumen zu pflanzen und in unserem ganz persönlichen Blumenmeer unbeschwerte Mussestunden draussen zu verbringen.

Veranstaltungen

Ende Mai findet auf Schloss Wellenberg in Frauenfeld, TG, der historische Handwerker- und Warenmarkt statt. Für Mittelalter-Fans der erste grosse Markt des neuen Jahres in der Schweiz. Mehr Informationen gibt's auf www.schlosswellenberg.ch.

Rezepte

Hier findest Du Rezepte zum Sternzeichen Stier und seinem Regenten Venus.

Stier-Räucherung

2 Teile Sandelholz
1 Teil Benzoe
2 Teile Rosenblätter
1 Teil Styrax

Stier-Duftöl

Das Duftöl kann in der Aromalampe, als Zusatz für ein Badesalz oder eine Bademilch oder mit Trägeröl (ein duftneutrales, hautpflegendes Öl) vermischt als Massageöl verwendet werden.

1 Teil Rose
1 Teil Ylang Ylang
1 Teil Tonkabohne
1 Teil Patchouli

JUNI

Lass Freude in die Welt strahlen! Göttliche Heilung geschieht durch Dich, durch Dein Licht, das Du grosszügig schenken kannst.

Monatscharakter

Brachmonat, Blütenmond oder Honigmond

Der Name „Juni" kommt von der römischen Göttin Juno, die der griechischen Hera entspricht und die Herrin des Götterclans ist. Junius ist die lateinische Form.

Man sagt, der Juni gibt eine gute Indikation über das Wetter für den Rest des Jahres: überwiegt Trockenheit, wird es gut, ist der Juni verregnet, wird das Wetter den Rest des Jahres so bleiben.

Die Wärme kommt und bleibt. Die Sommerlaune erfasst langsam alle, man denkt schon an die Sommerferien und kauft Kleider für die heissen Tage. Die Sinne sind nach aussen gerichtet, auf Erleben, Erfahren. Am besten lernt man direkt aus der Natur, indem man rausgeht und mit den Pflanzen und Tieren, den Naturgeistern, Wind und Wasser Verbindung aufnimmt.

Am 21. Juni ist die Sommersonnwende, der längste Tag im Jahr. Der Juni ist geprägt von Licht, so wie der Dezember von Dunkelheit. Magische Rituale und Handlungen können draussen durchgeführt werden, mit Unterstützung der Natur. Diese lebt voller Kraft und Saft. Es ist herrlich, sie wahrzunehmen!

Der Honigmond ist ein süsser Mond. Nicht aus Zufall finden im Mai und im Juni viele Hochzeiten statt. Nektar und Blütenduft liegt in der Luft und Insekten summen emsig herum. Früchte und Samen bilden sich, Himmel und Erde wirken wie ein Aphrodisiakum.

Um Sonnwende oder in der Johannisnacht (24. Juni) ist es schön, ein Feuer anzuzünden und die Anderswelt, die ganz nah kommt in dieser Zeit, wahrzunehmen und ihre Wesen zu ehren.

Der Juni ist energetisch geeignet für Liebesrituale und Liebessymbole, zum Beispiel aus Rosmarin, einer Pflanze, die magisch sehr mit der Liebe verbunden ist. Man kann daraus ein Herz flechten und es im Schlafzimmer aufbewahren oder aber als Gabe für die Naturgeister an einen Baum oder Strauch binden.

Tarotkarten	Die Liebenden, die Mässigkeit
Ritualgegenstände	Zauberstab, Schwert, Dolch, Kelch
Symbole	Sonnwendfeuer, Rad
Heilige	Spargel, Himbeeren,
Nahrungsmittel	Holunderblüten
Kräuter	Römische Kamille, Eisenkraut,
	Schafgarbe, Johanniskraut
Blumen	Rose, Holunder
Tiere	Delphin, Frosch, Schmetterling
Götter	Juno / Hera und
	alle Göttinnen der Liebe

Magische Entsprechungen

Im Juni herrschen Anfangs die Zwillinge, ein Luftzeichen, männlich und aktiv. Regent ist der Merkur. Zwillingen sagt man nach, sie hätten zwei Gesichter, was ich persönlich an meinen Zwillings-Kollegen und Freunden nie beobachten konnte.

Als Luftzeichen ist der Zwilling wendig, interessiert und schnell – auch wenn er vielleicht noch etwas verweilen sollte. Er ist wortgewandt und kommunikativ, und teilt seine Ideen gern mit anderen. Er ist spritzig und vielseitig und weiss immer etwas Interessantes zu berichten. Manche Zwillinge sind glänzende Alleinunterhalter!

Seine Fähigkeit oder sein Bedürfnis, auf mehreren Hochzeiten gleichzeitig zu tanzen, macht ihn schwer durchschaubar und ich vermute, die Geschichte von den zwei Gesichtern leitet sich davon ab. Dass er sich sehr leicht anpassen und umstellen kann, macht ihn flexibel, aber auch instabil. Seine Toleranz ist eine schöne Eigenschaft an ihm, die ihn sehr umgänglich macht.

Hellgelb, Hellblau und Grau sind die Farben, die zum Zwilling gehören, sein Metall ist das Quecksilber.

Blumen, Pflanzen und Kräuter und Essenzen: Wacholder, Margerite, Vergissmeinnicht, Zitrone, Dill, Lavendel, Mandarine, Bergamotte und Zitronengras, Pfefferminz: Frische Düfte, die anregen und die Phantasie in Gang setzen.

Zitrin, Turmalin, Bernstein, Goldtopas, Bergkristall und Aquamarin sind die Steine für den Zwilling. Sein Tag ist der Mittwoch, der von Merkur regiert wird.

Himmlisches

Sternbild Zwillinge, Gemini (Mythologie)

Auch die Zwillinge sind ein altes Sternbild. Sie sind gut sichtbar, vor allem wegen ihrer zwei hellsten Sterne, die Castor und Pollux heissen. Das kommt nicht von ungefähr: Als Zeus einst die Leda, die Gemahlin des Königs Tyndareus, im Fluss baden sah, gefiel sie ihm so gut, dass er sich in einen Schwan verwandelte und ihr nachstellte. Er verführte sie und schlief mit ihr. Am Abend des gleichen Tages war Leda auch mit ihrem Ehemann zusammen. Neun Monate später gebar sie Zwillinge, Halbbrüder, einer mit einem Menschen, der andere mit einem Gott zum Vater. Sie heissen Castor und Pollux (Pollux ist der Halbgott). Die Brüder schlossen sich den Argonauten an und erlebten viele Abenteuer, bis Castor ums Leben kam. Pollux war unsterblich, aber auch untröstlich über den Tod seines Bruders und bat deshalb darum, seine Unsterblichkeit mit seinem Bruder teilen zu dürfen. Deshalb sind die Zwillinge im Winter am Himmel sichtbar, während sie im Sommer in der Unterwelt weilen.

Merkur, Regent der Zwillinge (Mythologie)

Merkur (Mercurius) hat den Beinamen „der Götterbote" und wird gern mit entweder Flügeln an seinem Helm oder an den Füssen dargestellt. Man setzt ihn mit dem griechischen Hermes gleich. Merkur ist der Gott der Händler (Merx heisst Ware), aber auch der Diebe. Sein Symbol ist der Hermesstab (Caduceus), ein Stab mit Flügeln, um den sich eine Schlange windet, und ein Geldbeutel.

Hermes ist der Schutzgott der Händler, Kaufleute und Diebe, der Seefahrer, Hirten, aber auch der Redner und der Schüler und Studenten. Es war auch seine Aufgabe, Beschlüsse des Zeus zu verkünden, daher der Beiname Götterbote. Ebenfalls gehört es zu seinen Aufgaben, die Seelen Verstorbener in den Hades, die Unterwelt, zu führen.

Mit Hermes ist Hermes Trismegistos verwandt, von dem sich die hermetische Magie ableitet. Hermes Trismegistos wird hier mit dem ägyptischen Gott Toth gleichgesetzt oder verschmolzen. Er galt als Verfasser vieler philosophischer, alchemistischer, astrologischer, magischer und wissenschaftlicher Schriften, den sogenannten hermetischen Schriften. In alter Zeit glaubte man, er hätte tatsächlich körperlich gelebt.

Hexenfeiertage im Juni

1. Juni – Carnalia

Im Alten Rom wurden heute die Carnalia, das Fest zu Ehren der Göttin Carna. Sie gilt als Göttin des Herzens, der Gesundheit und der Organe. Ein typisches Gericht für den heutigen Tag ist Speck mit Bohnen.

In manchen Überlieferungen wird Carna mit Cardea gleichgesetzt, die durch ein Türscharnier symbolisiert wird. Sie ist die Göttin der Übergänge, sie schliesst Türen und öffnet andere.

Je nachdem, was Euer Thema im Moment ist, ein guter Tag um etwas für die Gesundheit zu tun oder einer, um Altes abzuschliessen und Neues zu wagen.

3. Juni – Pax

Wiederum ein Fest des Alten Roms, und zwar für die Friedensgöttin Pax. Es ist ihr zweites Friedensfest im Jahr. Alle Bewaffneten mussten ein Friedensband um ihre Waffen tragen. Dies erschwerte es auch an diesem Tag, die Waffen überhaupt zu ziehen. Das Fest wurde mit Gedichten, Gesängen und Tänzen begangen.

Friede ist angesichts der täglichen Schlagzeilen ein Thema, das nicht nur heute einen Gedanken wert ist. Wer Pax gedenken möchte, zündet heute eine weisse Kerze an und lässt sie als Zeichen der Verbundenheit auf einem Fensterbrett brennen, das von Aussen ersichtlich ist.

11. Juni – Matralia

Und Altes Rom zum Dritten. Heute beging man ein ganz spezielles Fest: Die Matralia. Dieses Fest ist allen Frauen geweiht, die NICHT Mutter geworden sind.

Dabei ging es nicht darum, diese Frauen in irgendeiner Weise auszugrenzen, sondern im Gegenteil zu ehren, dass sie ihre Mütterlichkeit auf andere Weise leben.

Zur Feier wurden der Göttin Mater Matuta Getreide und Brot geopfert. Mater Matuta bedeutet „morgendliche Göttin" und ist die gutherzige Göttin der Morgenröte und des Wachstums.

Alle, die NICHT Mütter sind, feiern heute als den „Nicht-Mutter-Tag".

13. Juni – Epona

Heute feierten die Kelten das Fest zu Ehren der Pferdegöttin Epona. Die Pferde wurden mit Blumenkränzen geschmückt und mit besonderen Leckerbissen gefüttert. Es gab Prozessionen, bei denen die Pferde der Statue der Göttin hinterher geführt wurden.

Wer an diesem Tag sein Pferd nicht auf besondere Weise ehrte oder es gar schlug, wurde für Tage oder Wochen aus der Clangesellschaft ausgeschlossen.

Wer ein Pferd hat, verwöhnt es heute vielleicht ganz besonders...

21. Juni: Alban Hefin / Litha

Volle Entfaltung, Muttergöttin, Fülle, Reifen lassen, Zenit, Naturerlebnisse

Gott – Eichenkönig / Stechpalmenkönig
Göttin – Hestia

Symbole – Feuer, Sonne, Sonnwendblumenstrauss (aus den nun blühenden Blumen, z.B. Johanniskraut, Klee und Margeriten)
Farben – Grün, Orange-Gelb (die Farbe der Sonne), Gold
Pflanzen – Johanniskraut, Beifuss, Sonnenblume, Eiche
Öle – Citronella, Orange, Lavendel, Rose, Thymian
Steine – Tigerauge, Gold, gelber Topaz, Olivin

Wir feiern die Sommersonnwende: Das Licht hat endgültig über die Dunkelheit gesiegt. Die Sonne (das Sonnenkind vom letzten Winter) hat ihre grösste Kraft erreicht. Alles grünt und blüht. Die Göttin ist schwanger mit dem Gott, der zum nächsten Julfest geboren werden wird, alles wächst und gedeiht. Die Natur steuert auf ihren Höhepunkt zu.

Überall werden Sonnwendfeuer angezündet, und früher wurden brennende Räder, die den Lauf der Sonne symbolisieren, die Hügel heruntergerollt.

Wer es „ganz richtig" machen will, verbrennt im Sonnwendfeuer Eiche und Fichte (die Eiche ist der Baum der Sommersonnwende, die Fichte derjenige der Wintersonnwende, beide symbolisieren den Eichen- und Stechpalmenkönig).

Man wirft Kräuter ins Feuer, um Glück, Erfolg und Gesundheit anzuziehen. Traditionell ist das unter anderem Johanniskraut, Beifuss, Kamille oder Thymian.

Haselnüsse, Walnüsse, Beeren, Eberesche und Kirschbäume gelten als Symbole des Mittsommerfestes. Die Naturgeister freuen sich, wenn Ihr Ihnen Nüsse und Beeren schenkt, die Eberesche verspricht Schutz und

Energie, und der Kirschbaum kündigt die Vorbereitung auf den Wandel an.

24. Juni – Johannistag

Johannistag ist der Gedenktag zur Geburt von Johannes dem Täufer. Er steht in engem Zusammenhang mit der Sommersonnwende und der Festcharakter der Feste, die in der Johannisnacht (die Nacht vom 23. Auf den 24. Juni) gefeiert werden ist sehr ähnlich. Seit dem 12. Jahrhundert ist es ein belegter Brauch, Johanni zu feiern.

Es werden Feuer entzündet, um die Sonne (und den Lichtbringer) zu ehren. In diesem Feuer können auch alle Dinge transformiert werden, die nun losgelassen werden sollen: Krankheiten, Ängste, alte Gewohnheiten. Zu diesem Zweck werden manchmal Strohpuppen ins Feuer geworfen. Aber ein Zettel mit den Dingen, die Du gerne hinter Dir lassen möchtest, tut es sicher auch!

Rezepte

Hier findest Du Rezepte zum Sternzeichen Zwillinge und seinem Regenten Merkur.

Zwillinge-Räucherung

1 Teil Mastix
1 Teil Minze
1 Teil Orangenschale
1 Teil Lavendel

Zwillinge-Duftöl

Das Duftöl kann in der Aromalampe, als Zusatz für ein Badesalz oder eine Bademilch oder mit Trägeröl (ein duftneutrales, hautpflegendes Öl) vermischt als Massageöl verwendet werden.

2 Teile Lavendel
2 Teile Pfefferminze
1 Teil Lemongrass / Zitronengras
1 Teil Citronella

JuLı

Gib Dich der göttlichen Quelle hin und vertraue. Alles wird gut.

Monatscharakter

Heuet, Heumonat, Bärenmonat, Kräutermond, Monat des Met

Der Juli hat seinen Namen zu Ehren von Julius Cäsar.

Früher wurde der Juli auch „Heuet" genannt, weil man dann – man errät es – „heuet" (Heu schneidet). Er ist der Monat des Schicksals und der Entscheidungen. Wir warten auf die Reife, ordnen unsere Frühlings-Erfolge ein und machen einen Rückblick auf die erste Jahreshälfte.

Das Korn reift in seinem Rhythmus. Noch ist nichts zu tun – man kann es einfach reifen lassen. Nur das Heu ist schon bereit und wird geschnitten. Der Duft von Gras und Kräutern erfüllt die Luft. Trägheit macht sich in der Sommerhitze breit. Auf einem Handtuch liegen und in den Himmel schauen, das ist nun das Richtige. Eine Verschnaufpause haben sich alle verdient. Bienen summen herum, die Luft flimmert manchmal... Wenn es regnet, verbreitet sich ein wunderbarer Geruch nach warmem, feuchtem Boden. Man kann das Leben einfach in vollen Zügen geniessen.

Das Wetter ist jetzt von grosser Bedeutung für die Ernte, denn obwohl sie fast reif ist, kann ein Sturm sie noch immer vernichten. Gewitterstürme können nicht nur beim Wetter, sondern auch in unseren Gefühlen auftauchen und die Anspannungen der Frühlingsmonate lösen. Und wie auch die Natur, sind wir selbst in einer Phase der Ruhe, des Reifens. Es ist Zeit, in sich hineinzuhören und sich seiner Gefühle klar zu werden. Die Ernte, die wir so erwarten, sind Entscheidungen, die wir mit klarem Kopf treffen können, indem wir wissen, wo wir stehen.

Der Mond, Regent des Krebses, hilft uns bei unserer Innenschau in unsere Gefühle und Träume, in unser Unbewusstes. Wenn die Sonne um den 20. herum in den Löwen wechselt, führt uns das ins Tun, macht uns zu Machern und treibt uns an, unser Leben selbst zu bestimmen.

Tarotkarten	Die Herrscherin, der Wagen, die Kraft
Ritualgegenstände	Kessel, Kelch, geweihte Kräuter
Symbole	liegende Mondsichel und der Scarabäus
Heilige	Tomate, Tee aus frischen Kräutern,
Nahrungsmittel	Melone
Kräuter	Odermennig, Zitronenmelisse, Ysop, Geissblatt
Blumen	Lilie, Jasmin, Rittersporn, Eiche
Tiere	Krebs / Krabbe, Delphin, Schildkröte, Scarabäus
Götter	Athena, Rosea

Magische Entsprechungen

Der Juli beginnt im Sternzeichen des Krebses. Er ist ein Wasserzeichen, und so sind die Elementargeister des Wassers nun besonders aktiv. Hauptcharakteristikum des Krebses ist Feinfühligkeit und die Tendenz zum „zurück-krebsen" in sein Schneckenhäuschen, wenn er verletzt wurde (was eher schnell passieren kann).

Krebsen wird eine gewisse Häuslichkeit nachgesagt. Familie und Heim sind ihm wichtig. Sensibel und manchmal fast schüchtern, mögen die Krebse Sicherheit und Geborgenheit. Sie möchten gebraucht werden und für jemanden da sein. Viele von ihnen haben auch eine künstlerische Ader, sie haben Phantasie. Der Krebs wird vom Mond regiert, der für die weibliche Seite steht. Krebse bewegen sich seitlich statt geradeaus (die echten Krebse am Meer, wie auch der Krebs im übertragenen Sinne). Sie nähern sich Situationen und Menschen indirekt.

Die Farben des Krebses sind wie Mondlicht: Weiss, Hellblau, Silber und Opalfarben. Stell Dir einfach eine Vollmondnacht vor, dann siehst Du sie vor Dir!

Lilien und Jasmin, Flieder, Lotus, Myrrhe, Gardenie, Veilchen, Zitrone und Eukalyptus sind Blumen und Düfte, ätherische Öle für den Krebs. Lieblich ist hier das Stichwort. Der Montag ist der Mond-Tag und somit auch dem Krebs zugeordnet.

Edelsteine und Glücksbringer für den Krebs: Besonders der Mondstein, jedoch auch Opalit, Perle, Jade, Koralle, Chalzedon, Achat.

Himmlisches

Sternbild Krebs, Cancer (Mythologie)

Der Krebs ist ein eher unauffälliges Sternbild. Er ist aber auch, wie die anderen Tierkreiszeichen, schon sehr lange bekannt. Bei den Ägyptern symbolisierte er eine Schildkröte, die später mit dem Skarabäus ergänzt wurde, der Unsterblichkeit repräsentiert.

Es gibt mehrere griechische Sagen, in denen ein Krebs eine Nebenrolle spielt. Eine davon ist, dass er eine Nymphe gekniffen hat, als sie versuchte, sich vor Zeus in Sicherheit zu bringen (wieder einmal eine von Zeus' Liebesgeschichten!). Zeus war ihm offensichtlich dankbar, dass er ihm die Nymphe erhielt, und versetzte ihn an den Himmel.

Eine andere Geschichte hat mit Herakles zu tun: Dieser kämpfte gegen die Wasserschlange Hydra, als plötzlich ein Riesenkrebs auftauchte und ihn in die Ferse biss. Herakles konnte ihn nach kurzem Kampf töten. Da Hera, die Gattin des Zeus, Herakles hasste (er war ja ein unehelicher Sohn des Zeus und erinnerte sie somit immer an die Eskapaden ihres Mannes), belohnte sie den Krebs, indem sie ihn an den Himmel versetzte.

Der Mond, Regent des Krebses (Mythologie)

Es gibt in jeder Kultur Mondgöttinnen. Bei der Germanen ist der Mond ein männliches Wesen, die Sonne weiblich – überall sonst ist es umgekehrt.

Mani, der Mond, ist der Bruder von Sol, der Sonne. Beide sind Kinder des Riesen Mudilfari. Wegen ihrer Schönheit wurden sie als Wagenlenker der Gestirne Sonne und Mond eingesetzt.

Bei den Griechen heisst die Mondgöttin Selene, bei den Römern Luna. Sie ist eine Personifikation des Monats. Ihre Geschwister sind Helios und Eos, die Sonne und die Morgenröte.

Auch Artemis (Diana), die Göttin der Jagd, des Waldes, der Jungfrauen und der Amazonen, wurde als Mondgöttin betrachtet und verehrt.

Wichtiges Thema des Mondes ist einerseits die Zeitmessung, der Monat, andererseits das Gefühl von Mystik, Magie und der Bezug zu einem Wissen, das wir nicht direkt fassen können. Wir verbinden den Mond mit etwas, das in uns schläft, mit dem ewigen Auf und Ab des Zu- und Abnehmens, mit Rhythmen und Gezeiten. Er zieht uns an und ist uns doch nicht ganz geheuer.

Ꜧexenꝼeiertage im Juli

2. Juli: Fest der werdenden Mütter

Im alten Europa kamen an diesem Tag die schwangeren Frauen im Tempel zusammen, um zu den Göttinnen wie Bona Dea, Carmenta oder Lucina, die bei der Geburt beistehen, zu beten und um eine leichte Geburt und gesunde Kinder zu bitten.

7 – 8. Juli : Fest der Juno/ Nonae Caprotinae

Die römische Göttin der Weiblichkeit und Fortpflanzung wurde an diesem Tag mit gestellten Frauenkämpfen geehrt, welche so auch zum Aggressionsabbau beitrugen. Heute sind Kerzen- und Lichtmagie, aber auch die Zubereitung von Liebesmahlen, Elixieren und Kräutertränken sehr begünstigt. Es ist eines der ältesten bekannten Frauenfeste überhaupt!

19. Juli : Hochzeit von Isis und Osiris

Isis war die einzige altägyptische Göttin, die den geheimen Namen Ras, des Sonnengotts, kannte. Dies verlieh ihr immense magische Kräfte. Osiris war sowohl ihr Gatte als auch ihr Bruder. An ihren Hochzeitstag beginnt das altägyptische neue Jahr.

An diesem Tag stehen alle magischen Handlungen unter sehr günstigem Einfluss. Also sucht Euch die Magie aus, nach der Euch gerade ist, aber vergesst nicht, Isis für ihr Wohlwollen und ihre Unterstützung zu danken.

Veranstaltungen

Um den 1. August herum finden in Fehraltdorf, ZH, die Highland Games statt. Manchmal fällt der erste Tag noch in den Juli, darum führe ich sie hier auf. Es ist eine grosse Mittelalter-Veranstaltung mit Schotten-Flair, sehr empfehlenswert. Mehr Informationen gibt's hier: www.highland-games.ch.

Rezepte

Hier findest Du Rezepte zum Sternzeichen Krebs und seinem Regenten Mond.

Krebs-Räucherung

2 Teile Sandelholz
1 Teil Myrrhe
1 Teil Iriswurzel
1 Teil Kalmus

Krebs-Duftöl

Das Duftöl kann in der Aromalampe, als Zusatz für ein Badesalz oder eine Bademilch oder mit Trägeröl (ein duftneutrales, hautpflegendes Öl) vermischt als Massageöl verwendet werden.

2 Teile Melisse
1 Teil Rose
1 Teil Palmarosa
1 Teil Jasmin

Auguſt

Nimm Dein Potenzial an und entfalte Deine Kraft. Gestalte Dein Leben in Freiheit und sage Ja zu Deiner Lebensaufgabe!

Monatscharakter

Kornmond, Ährenmond, Sichelmond

Der August ist der achte Monat des Jahres im Gregorianischen Kalender. Im alten römischen Kalender war es der sechste Monat, der Sextilis genannt wurde. Zu Ehren des ersten römischen Kaisers Augustus wurde er im Jahre 8 v. Chr. in Augustus umbenannt.

Unser jetziges Monatsthema ist die Ernte, das „sich reich fühlen", der Lohn für getane Arbeit, die Wertschätzung, Freude und Überfluss. Der Kornmond fordert auf, den eigenen Besitz mit anderen zu teilen und mit Freunden genussvolle Momente zu erleben. Jetzt können wir von dem, was wir im Frühling gesät haben, beginnen zu ernten und diese Ernte zu geniessen.

Da es meist der heisseste Monat im Jahr ist, gibt es doch auch genug Gelegenheit um sich auszuruhen, den Dingen ihren Lauf zu lassen und den Sommer zu geniessen. Wir beginnen schon, Kräuter zu sammeln und zu trocknen, traditionell ab dem 15. August (Mariä Himmelfahrt). Mit diesen Kräuterbündeln aus 3 mal 3 Kräutern kann dann im Winter (Februar) geräuchert werden, um die Wintergeister zu vertreiben.

Symbole für diesen Monat sind der Brotlaib, ein brennendes Rad sowie ein mit Feldfrüchten und Getreide gefüllter Korb.

Feiere ruhig die Ernte, indem Du Brot backst und mit Freunden teilst! Es ist auch eine gute Zeit, um im Wald Brombeeren und Holunder zu sammeln und daraus Marmelade zu kochen.

Wenn Du die Korngöttin ehren möchtest, kannst Du aus Kornstängeln und -ähren und Maiskolbenhüllen eine Puppe basteln und aufstellen.

Tarotkarten	Die Kraft, Königin der Stäbe
Ritualgegenstände	Opferschale, Sense
Symbole	Korn-Mutter (Kornpuppe), Erntekorb
Heilige Nahrungsmittel	Frisches Brot, Getreide, Kirschen
Kräuter	Waid, Salbei, Wegwarte
Blumen	Sonnenblume, Sonnenhut, Mohnblume
Tiere	Löwe, Katze, Drache, Milan, Phönix
Götter	Lugh, Isis, Demeter

Magische Entsprechungen

August beginnt als Löwemonat, ein Monat, der passenderweise von der Sonne regiert wird, ein Feuerzeichen. Es geht um Selbstausdruck, Kraft und Macht. Yang-betont und männlich-aktiv, sind Löwen geborene

Macher und Führer. Ihnen braucht niemand zu sagen, wo es lang geht, das wissen sie selbst, und SIE sind es, die die anderen führen. Ein Löwe muss „sein Ding" machen können, um sich wohl zu fühlen.

Löwen denken in grossen Dimensionen, Kleinliches ist ihnen zuwider. Sie sind selbstbestimmt und feurig, haben Heilkraft und drücken gerne ihre Einzigartigkeit aus.

Man sagt, ein Löwe kommt nicht, ein Löwe erscheint. Er braucht Liebe und Zuwendung, führt gern, aber lässt sich nicht gern herumkommandieren. Nun ja, ein König eben!

Zum Löwen gehört Diamant, Gold, Goldtopas, Karneol, Bernstein und Zitrin. Seine Farben sind feurig und sonnig: Gelb und Orange, sein Tag ist der Sonntag.

Ebenfalls der Sonne und dem Löwen zugeordnet ist Zimt, Weihrauch, Muskatnuss, Wacholder, Rosmarin, Benzoe, Sandelholz, Moschus, Sonnenblumen, Orangen, Copal oder auch Mohn und Gladiolen.

Himmlisches

Sternbild Löwe, Leo (Mythologie)

Der Löwe wurde schon bei den alten Ägyptern als Löwe gesehen. Er sieht auch wirklich wie ein liegender Löwe aus und ist ein prägnantes Sternbild an unserem Frühlingshimmel.

Seine mythologische Geschichte geht auf den nemeischen Löwen zurück, eine der 12 Arbeiten des Herakles.

Ein Löwe mit für Waffen undurchdringlichem Fell verwüstete die Gegend um die Stadt Nemea. Herakles konnte mit seinem Schwert auch nichts ausrichten, also erwürgte er den Löwen mit blossen Händen. Dessen Fell und Zähne trug er von da an als Schutz und Trophäe. Man kennt die Darstellungen des Herakles mit Löwenfell von vielen Vasen und anderen Abbildungen.

Die Sonne, Regentin des Löwen (Mythologie)

Sol, die germanische Sonne, wurde bereits schon beim Mond erwähnt: Sie ist die Schwester des Mondes und lenkt den Sonnenwagen über den Himmel.

Auch der römischen Sonnengott heisst Sol, bei den Griechen heisst er Helios. Helios fährt auch mit einem Wagen über den Himmel, wie die germanische Sol. Dies ist in vielen Mythologien der Fall, denn wie sonst sollte das Gestirn sich über den Himmel bewegen?

Weitere bekannte Sonnengötter sind der ägyptische Ra, der statt eines Wagens eine Barke benutzt, bei den Hindus Surya, bei den Kelten Lugh, die Japaner kennen Amaterasu, die Inkas Inti und die Perser Mithra.

Die Sonne wird in allen alten Kulturen verehrt, denn sie bringt Licht, Leben und Wärme. Sie ist unsere Lebensquelle, ohne Sonne geht nun mal einfach nichts auf der Erde, und das wissen wir. Deshalb wurde ihr immer Ehrerbietung entgegengebracht, man musste ja sichergehen, dass sie sich nicht eines Tages entschliessen würde, nicht mehr aufzugehen und uns verhungern zu lassen!

ɦexenꝼeıerꞇᴀɢe ım Auɢusꞇ

1. – 3. August: Fest der Dryaden

Dieses Fest findet seinen Ursprung in Mazedonien. Dryaden sind Baumgeister, Nymphen der Bäume, die man sich als sehr schöne Wesen vorstellt. An diesen drei Tagen wurden ihnen Opfermahlzeiten in den Wald gebracht. Besondere die Bäume wurden mit bunten Bändern geschmückt. In vielen Kulturen stehen Bäume für kraftvolle Energien und haben – je nach Art – besondere Eigenschaften.

1 / 2. August: Lughnasad / Lammas

Zur vollen Reife kommen / Ernten, haltbar machen, bewahren, erstes Innehalten und reflektieren über das Jahr

Gott – Lugh
Göttin – Demeter
Symbole – Getreidekörner, Brot, Kornpuppen
Farben – Beige, Gold, Gelb, Grün, Orange
Pflanzen – Getreide, Zwiebeln, Knoblauch
Öle – Nelkenblüte, Kamille, Sandelholz, Weihrauch
Steine – Citrin, Sonnenstein, Katzenauge

Lughnasad ist das erste von drei Erntefesten. Mabon ist das zweite, Samhain das dritte. Wir feiern die Ernte mit Tanz und gutem Essen, aber schon nicht mehr so wild wie Beltaine oder Litha.

Nun beginnt der gehörnte Gott an Kraft zu verlieren, wir sind uns bewusst, dass er im Herbst sterben wird. Schon jetzt werden die Nächte wieder länger und wir spüren die Veränderung, den Rückgang in der Natur.

Lughnasad ist ein klassisches Erntedankfest, an dem mit Brot, Korn, Apfelsaft, Wein und gemütlichem Zusammensein die Kornernte gefeiert wird.

Nun ist auch die Zeit, um mit dem Trocknen von Kräutern und Einmachen von Gemüse für den Winter anzufangen. Wir beginnen, uns auf die dunkle Zeit vorzubereiten.

13. August : Fest der Göttin Diana (römisch)

Diana verkörpert die Mondenergie und war im alten Rom Göttin der Wälder und Beschützerin der wilden Tiere. An diesem Tag wurde kein Fleisch gegessen, und die Jäger blieben zu Hause. Diana wurde aber auch in der keltischen Mythologie verehrt und steht für die nährende Kraft. An diesem Tag danken wir ihr für ihre Hilfe im vergangenen Halbjahr und bitten um Schutz und Unterstützung für die zweite Jahreshälfte. Da Diana das Göttlich-Weibliche verkörpert, ist dies auch der Tag, um unseren Müttern sowie Mutter Erde zu danken.

13. August : Fest der Hekate (griechisch)

Hekate war in der griechischen Mythologie die Göttin der Zauberkunst, der Nekromantie, des Spuks und der Wegkreuzungen. Dies wurde sie durch ihre frühere Aufgabe als Göttin der Schwellen und Übergänge und Wächterin der Tore zwischen den Welten. Sie ist eine der missverstandensten Gottheiten der Antike und um diese Göttin ranken sich viele Fehlinterpretationen und Fehlinformationen.

Hekate vertritt den Aspekt der Übergänge (Geburt, Wegkreuzungen, im Besonderen von drei Wegen) und der Verwandlung (Zauberkunst und Magie) und ist die Beschützerin der Hexen. Wir feiern sie, wenn der Mond aufgeht, und danken ihr für ihren Beistand und Schutz.

15. August : Maria Himmelfahrt

Vielleicht etwas ungewöhnlich, diesen hohen katholischen Feiertag unter „Hexenfeiertag" aufzuführen. Dieser Tag bildet jedoch den Auftakt zur wichtigsten Kräutersammelzeit des Jahres, die bis zum 15. September andauert. Heilpflanzen, die während dieser Zeitspanne gesammelt werden, übertreffen alle anderen Kräuter an Kraft. Einer Legende nach segnet die Gottesmutter in dieser Zeit die Erde. Eine gute Gelegenheit, um sich bewusst zu machen, dass viele kraftvolle, heilbringende Pflanzen sozusagen direkt vor unserer Haustür wachsen.

15. August : Geburtstag der Göttin Isis

Dieser Tag ist den Wanderern und Reisenden aller Kulturen gewidmet, denn
Isis war nicht nur im alten Ägypten die Grosse Göttin, sondern wurde auch in vielen anderen Kulturen – unter anderem Namen – verehrt. Isis hat immense magische Kräfte und begünstigt alchemistische Transformationsprozesse. Alles, was Du an diesem Tag segnest, steht

deshalb im Zeichen des Glücks und der Harmonie. So ist es beispielsweise günstig, heute eine Räucherung in Deinem Zuhause vorzunehmen, vorzugsweise aus Myrrhe, Sandelholz und Lorbeer.

23. August: Vulkanalien

Vulkan ist der römische Gott des unterirdischen Feuers, der Schmiedekunst und der Vulkane. Es wurden allerlei Zauber gegen plötzlich ausbrechendes Feuer ausgeführt.

23. August: Nemesis

In Griechenland wurde unterdessen die Nemesis, die Schicksalsgöttin, gefeiert und man suchte sie milde zu stimmen. Es wurden Opfer und Festspiele abgehalten in der Hoffnung, dass unser Schicksal sich stets zum Guten wenden werde. Den Schicksalsgöttinnen hin und wieder zu danken und zu gedenken, ist vielleicht gar keine schlechte Idee?

Veranstaltungen

Mitte August findet in Burgdorf BE ein Mittelalter-Spektakel statt: www.medieval-productions.ch. Es gibt Lagerleben, Bogenschiessen, Händler, Handwerker und allerlei Köstlichkeiten wie Met, Ritterspiesse, mittelalterliche Süsswaren und vieles mehr.

Ebenfalls im August, 2010 am dritten Wochenende: Ein Mittelalterfest auf Schloss Liebegg im Aargau, in Gränichen. www.mittelalterliebegg.ch.

Rezepte

Hier findest Du Rezepte zum Sternzeichen Löwe und seinem Regenten Sonne.

Löwe-Räucherung

2 Teile Benzoe
1 Teil Johanniskraut
1 Teil Sandelholz
1 Teil Orangenschale

Löwe-Duftöl

Das Duftöl kann in der Aromalampe, als Zusatz für ein Badesalz oder eine Bademilch oder mit Trägeröl (ein duftneutrales, hautpflegendes Öl) vermischt als Massageöl verwendet werden.

2 Teile Weihrauch
2 Teile Orange
1 Teil Rosmarin
1 Teil Limone

Septeωber

Vertraue Deiner inneren Wahrnehmung und Führung, die sich Dir durch Deine Intuition und durch Botschaften Deines Körpers zeigt.

Ϻonatscharakter

Weinmond, Früchtemond, singender Mond, Erntemond

Der September ist der neunte Monat des Jahres im gregorianischen Kalender. Ursprünglich war es der siebte Monat des alten römischen Kalenders, darum der Wortstamm „Sept".

Es ist immer noch warm, aber nicht mehr so glühend wie im Sommer. Der Herbst nähert sich mit grossen Schritten. Wir spüren instinktiv, dass nicht nur Ernten ein Thema ist, sondern auch Vorräte anlegen und vorsorgen. Nachts wird es kühl, ein Vorbote des Herbstes und des Winters, auch wenn wir noch die Tage draussen in der wärmenden Sonne geniessen können.

Noch ist alles üppig, ja überfliessend vor Reichtum. Gebündelte Kornähren sind ein passendes Symbol für den September. Man feiert die eingebrachte Ernte, die glänzenden Äpfel, all die schönen Früchte und Gemüse, die nun als Vorrat für den Winter eingebracht werden. Es ist auch eine Zeit des Vorausschauens, damit man im Winter genug hat. Das Jungfrauzeichen, das den September dominiert, ist auch ein „Buchhalter": Ein wirt-

schaftliches Zeichen, Versicherungen und Vorsorgeein-
richtungen unterstehen ihm.

Vorräte anlegen, Früchte einkochen, Nüsse sammeln,
Trauben lesen, Äpfel trocknen: das Mabonfest (die
Tagundnachtgleiche) feiert diese Tätigkeiten und
Geschenke der Natur. Ab da sind die Nächte wieder
länger als die Tage und unser Fokus verschiebt sich
langsam nach innen.

Jetzt ist auch die Zeit, in der wir uns überlegen, was wir
dieses Jahr erreicht haben. Nicht nur im Aussen, sondern
auch in uns wenden wir uns der Ernte unserer Saat zu.
Haben wir die Ziele erreicht, die wir uns im Frühling
vorgenommen haben, oder sind wir auf einem guten Weg
da hin? Läuft alles in unserem Leben gemäss unserem
Plan? Was haben wir schon erhalten, was hat uns das
Universum gezeigt als Antwort auf unsere innere und
äussere Arbeit dieses Jahr?

Gegen Ende des Monats spüren wir, wie sich die Dinge
schon ganz leicht zu verlangsamen beginnen. Auch wenn
erst im Oktober die Bäume richtig farbig werden, es gibt
doch schon die ersten Anzeichen dafür, dass die Natur
sich langsam schlafen legt.

Tarotkarten	As der Stäbe, 10 der Münzen
Ritualgegenstände	Sichel, Kräuter- / Erntemesser,
	Kelch, mit Früchten gefüllter Korb
Symbole	Erntedankbrot, Weinkelch, Rotwild
Heilige	Wein & Trauben, Getreide, Äpfel,
Nahrungsmittel	Nüsse
Kräuter	Fenchel, Farn, Zinnkraut
Blumen	Anemone, Aster, Löwenmäulchen
Tiere	Schlange, Koyote, Fledermaus
Götter	Erdmutter, Persephone, Demeter

Magische Entsprechungen

September beginnt als Jungfraumonat und wird von Merkur regiert. Die Jungfrau ist ein passives, weibliches Erdzeichen. Jungfrauen haben es gern strukturiert, analytisch und ruhig, möchten nützlich sein und helfen anderen gern. Zahlen, Pünktlichkeit und praktische Veranlagung liegen ihnen im Blut. Jungfrauen sind selten aufbrausend. Sie dienen mit Leidenschaft und sehr gewissenhaft.

Es geht um Klarheit, Ordnung und Struktur. Die Schweiz ist ein Jungfrauland, und jemand, der hier eingewandert ist, sagte mal zu mir, die ganze Schweiz sei ein Park, wie ein Zoo: Überall schöne Wege und Abfalleimer.

Jungfrausteine sind der Aquamarin, Karneol, Achat, Saphir, Heliotrop, Aquamarin, Jaspis und Türkis.

Der Jungfrau entsprechende Kräuter und Aromen sind Fenchel, Lilie, Dill, Zypresse, Patchouli, Minze, Geissblatt, Lavendel, Mandel oder Bergamotte.

Die Farbe der Jungfrau ist Hellblau oder Grau, der zugeordnete Tag der Mittwoch, der Tag des Merkur.

Ḥimmĺisches

Sternbild Jungfrau, Virgo (Mythologie)

Die Jungfrau ist ein ausgedehntes Sternbild (das zweitgrösste am Himmel), das eine liegende Person darstellt. Man kannte es in dieser Form bereits in Mesopotamien, wo es mit der Göttin Inanna in Verbindung gebracht wurde.

Aus der griechischen Mythologie kennt man verschiedene Erklärungen: Es soll sich um die Jungfrau Persephone, die Tochter von Demeter und Zeus, handeln, die von Hades in die Unterwelt entführt wurde. Demeter bat Zeus, doch etwas zu unternehmen, doch der konnte nur verhandeln und erreichte folgenden „Kuhhandel": Von da an musste Persephone die Hälfte des Jahres bei ihrem Mann bleiben, in der anderen Zeit durfte sie an die Erdoberfläche zurückkehren.

Andere Erklärungen sind:

*   Dike, Tochter der Themis, die in den Himmel flüchtete, als es ihr auf der Erde wegen Kriegen und Gewalt zu schwierig wurde.
*   Astraea, eine Tochter von Themis und Zeus, die Göttin von Gerechtigkeit und Justiz, die aus dem gleichen

Grund enttäuscht in den Himmel auszog und ihre Waage der Gerechtigkeit (das Sternbild direkt nebenan) gleich mitnahm.

- Erigone, die Tochter des Weinbauern Ikarios, der von Bauern getötet wurde, weil jene noch nie Wein getrunken hatten und darum dachten, er wolle sie vergiften. Erigone machte sich mit ihrem Hund auf die Suche nach ihrem Vater. Der Hund fand des Vaters Grab und Erigone erhängte sich aus Trauer und Verzweiflung an einem Baum. Der Hund starb an Einsamkeit. Alle aber wurden an den Himmel versetzt: Der Hund als Sirius, der „Hundsstern", Ikarios als Bärenhüter (Bootes) und Erigone als Jungfrau. (Zum Bärenhüter gibt es auch noch andere Geschichten, woher der gekommen sein soll).

Merkur, Regent der Jungfrau (Mythologie)

Merkur wird bereits bei den Zwillingen beschrieben.

Hexenfeiertage im September

13. September: Fest der römischen Göttin Venus

Der Tag der Liebesgöttin war im Alten Rom der bevorzugte Heiratstag und der Tag, an dem sich Liebende Geschenke machten und sich der Zweisamkeit freuten.

Venus ist die Göttin der Liebe, des erotischen Verlangens, der Leidenschaft und der Schönheit. Ihre Symbole sind die Muschel, zwei Tauben und die Myrte (ein Strauchgewächs). Ihre Geburt wird von verschiedenen

Künstlern dargestellt, meist wird sie in einer Muschel oder in der Meeresbrandung liegend abgebildet, denn sie ist die „Schaumgeborene".

Heute ist also eine gute Zeit, um sie mit Eurem Partner oder Eurer Partnerin zu verbringen und das Zusammensein zu geniessen. Singles sollten sich selber was Gutes tun oder sich mit lieben Freunden treffen. Dieser Tag gehört der Liebe mit all ihren Facetten!

23. September: Alban Elfed / Mabon

Ernten, was man gesät hat, die Schöpfung geniessen, Vorräte anlegen, Auswertung des Jahres / der Ernte, Wendepunkt

Göttin – Diana-Artemis, Morrigan
Gott – Dionysos
Symbole – Trauben, Wein, Bucheckern, Eicheln, Nüsse, Äpfel, Birnen
Farben – Braun, Rotgold, Rotbraun, Ocker
Pflanzen – Hopfen, Hasel, Geissblatt, Ringelblume
Öle – Salbei, Fichte, Beifuss, Myrrhe
Steine – Saphir, Lapislazuli, Achat

Das zweite Erntedankfest gilt nicht mehr dem Korn, das ja schon geerntet ist, sondern den Baumfrüchten, den Trauben und dem Wein. Wie auch Lughnasad ist es ein Fest mit Essen, Danken und Geniessen. Es ist eher ruhig und gemütlich. Noch mehr als sechs Wochen zuvor wird klar, dass der Gott bald sterben wird, dass die dunkle Zeit kommt. Wir legen Vorräte an für den Winter und denken über das Jahr nach, über das, was wir gesät und geerntet haben und reflektieren darüber, was wir nächstes Mal anders machen möchten. Ab heute sind die Tage kürzer als die Nächte. Damit verschiebt sich der Fokus unserer Aufmerksamkeit nach innen, auf uns selbst, unser Heim und Haus.

Eine Geschichte zu diesem Feiertag: Mabon ap Modron ist der Heilige Sohn der Grossen Göttin.

Mabon wird seiner Mutter drei Tage nach seiner Geburt gestohlen und laut einer Variante in Gloucester eingekerkert, bis er von den Gefährten König Artus, Kai und Gwrhyr, gesucht wird und durch Befragen heiliger Tiere (Amsel, Hirsch, Eule, Adler und Lachs) gefunden und befreit wird. Mabon schloss sich sodann Artus an und wurde zur „Lichtgestalt".

Wir schauen heute zurück auf den Frühling: Was haben wir damals gesät und gepflanzt, welche Ideen, welche Pläne? Erntedank ist zentrales Thema, weshalb man sich auch die Frage stellen soll, was man im übertragenen Sinn nun ernten kann. Was sind die Früchte Deiner Bemühungen, sind sie reif oder braucht es noch eine Weile dazu? Was braucht es noch dazu? Vergiss auch nicht zu danken (Ernte-Dank) für die Hilfe aus der geistigen Welt, die Dir zugekommen ist und Dir täglich zuteil wird.

28. September: Fest der Baubo

Baubo ist eine griechische Göttin, sie gehört zum Mythos der Demeter, der Korngöttin. Baubo bedeutet „Schoss" (also die weiblichen Geschlechtsteile). Als Demeter ihre Tochter Persephone verlor (sie wurde in die Unterwelt entführt), wollte sie an einer Einladung bei Baubo weder essen noch trinken und Baubo war darüber verärgert und hob ihren Rock, um eben ihren Schoss zu entblössen. Das wiederum brachte Demeter auf andere Gedanken, so dass sei beschloss, doch etwas zu trinken.

Scheinbar funktionierte Baubos Trick – ich würde aber davon abraten, immer diese Methode zu wählen, um jemanden von seiner Trauer abzulenken ;-)

Veranstaltungen

Ende August oder Anfang September findet das Ragnaröck-Spektakel statt (jedenfalls seit 2005 und ich hoffe sehr, dass es weiterhin stattfindet!). Auch hier handelt es sich um eine Mittelalter-Veranstaltung mit Musik und Spielen. Mehr Infos gibt's (hoffe ich) auf www.ragnarök-spektakel.ch.

Allgemein ist jetzt die Zeit der Mittelalter-Veranstaltungen (August bis Weihnachten, mit Fokus auf die noch wärmeren Monate). Eine gute Quelle ist www.mittelalter-kalender.ch, der ist wesentlich aktueller als ein Buch es sein kann. Sorry ;-)

Rezepte

Hier findest Du Rezepte zum Sternzeichen Jungrau und seinem Regenten Merkur.

Jungfrau-Räucherung

2 Teile Zypresse
1 Teil Eichenrinde
1 Teil Patchouli
1 Teil Tannenharz

Jungfrau-Duftöl

Das Duftöl kann in der Aromalampe, als Zusatz für ein Badesalz oder eine Bademilch oder mit Trägeröl (ein duftneutrales, hautpflegendes Öl) vermischt als Massageöl verwendet werden.

1 Teil Patchouli
1 Teil Zypresse
1 Teil Lavendel
1 Teil Bergamottminze

OKTOBER

Vertraue dem, was Du im Inneren fühlst, und lass Deinen Schatten Erlösung finden. Das Licht transformiert Dich, jetzt.

Monatscharakter

Blutmond, Schlachtmond, Mond der fallenden Blätter

Der Oktober ist der zehnte Monat des Jahres im Gregorianischen Kalender. Ursprünglich war es der achte Monat des alten römischen Kalenders, darum der Wortstamm „Okt" (8).

Thema ist der Abschied, denn nun geht es definitiv auf den Winter zu. Loslassen und Reinigung, die Wende nach Innen, zum Selbst, um herauszufinden, was man aus diesem Jahr gemacht hat und somit geerntet hat. Man sucht Harmonie und Ausgleich, eine Balance. Nun werden keine schnellen Entschlüsse gefasst, sondern alles gut bedacht. Man begegnet gern Freunden und neuen Menschen, in harmonischer Umgebung lebt sich's gut. Liebe und Partnerschaft erblühen in dieser von Venus regierten Zeit. Schönheit ist wichtig, Kunst, Konzerte und guter Geschmack.

Andererseits kommen wir mit dem Fortschreiten des Monats im Jahreszyklus der Natur dem Ende immer schneller und spürbarer näher, geerntet wurde bereits, nun wird geschlachtet und die Vorräte weiter aufgestockt. Ein langer Winter steht bevor, den es zu überstehen gilt.

Der Tod liegt in der Luft. Es ist Jagdzeit und früher wurden zu Samhain viele Tiere geschlachtet, damit man sie nicht durch den Winter füttern musste und etwas zu essen hatte.

Nachts kann man den Feen begegnen. Es ist eine von Magie durchdrungene Zeit, besonders um Samhain (oder Halloween), wenn das druidisch-keltische neue Jahr beginnt. Die Totengeister gehen um und wir gedenken unserer Ahnen.

Tarotkarten	Der Tod (Samhain),
	2 der Münzen (Balance)
Ritualgegenstände	Kessel, Heilsteine, Kristallkugel oder
	Wasserschale zum Hellsehen
Symbole	Knochen, Ahnenbilder, Kürbis
Heilige	Kürbis, Kürbissuppe, Apfelkompott,
Nahrungsmittel	Apfelwein
Kräuter	Thymian, Rosmarin, Salbei
Blumen	Erdrauch, Arnika, Ringelblume
Tiere	Hirsch, Skorpion, Rehbock
Götter	Cerridwen, Hekate, Venus

Magische Entsprechungen

Die Waage ist ein männlich-aktives Zeichen und gehört zu den Luftzeichen. Ihr regierender Planet ist die Venus. Schönheit, Harmonie, Ausgeglichenheit, Kunst und Kultur sind die Waagethemen. Sie brauchen ein ausgeglichenes Leben, um glücklich zu sein. Waagen mögen keine Ungerechtigkeit, keine Disharmonien und tun sich manchmal mit Entscheidungen schwer, da sie lange abwägen, was nun das Richtige sei.

Sie mögen alles, was schön ist, sei es Kunst oder eine gepflegte Umgebung und brauchen Liebe und Gemeinschaft. In allem suchen sie nach Vollkommenheit und Schönheit. Mit Waagen lässt es sich meist gut auskommen, sie mögen Menschen und sind gern in Gesellschaft.

Düfte und Kräuter der Waage sind Magnolie, Rose, Vanille (Herz und Liebe), Veilchen, Apfelblüte, Majoran, Pfirsich, Beifuss, Flieder und Orchideen. Steine sind Perlen, Jade & Smaragd (Herz) sowie Opal und Beryll. Ihre Farben sind hellblau, rosa und hellgrün, die Farben der Venus und ihr Tag der Freitag.

Himmlisches

Sternbild Waage, Libra (Mythologie)

Es gibt verschiedene Erklärungen, wie die Waage an den Himmel kam. Eine hat damit zu tun, dass die Sumerer zu der Zeit der Steuern eintrieben und somit das Sternbild als „Waage des Himmels" bezeichneten, denn sie wogen das Getreide auf einer Balkenwaage ab. Eine andere haben wir beim Sternbild Jungfrau bereits gelesen.

Bei den Griechen gehörten die Sterne ursprünglich zum Skorpion und waren dessen Scheren. Später wurden die

Sternbilder getrennt, vermutlich von den Römern. Die Waage steht als Sinnbild der Gerechtigkeit am Himmel.

Venus, Regentin der Waage (Mythologie)

Venus wird bereits beim Stier beschrieben, den sie auch regiert.

Ꜧeꜫenꝼeieꞃcaꞅe im Okcoꞅeꞃ

5. Oktober: Fest der Göttin Sophia

Der „Tag des heiligen Geistes" in Griechenland. Sophia bedeutet „Weisheit". Die Hagia Sophia in Istanbul ist ihr heiliger Schrein. Sophia ist die Personifikation von Weisheit und Gnosis (erleuchtetes / religiöses Wissen), ihr Symbol ist die Taube.
In der heutigen Spiritualität taucht Sophia als Erzengelmutter auf, steht für das weibliche Mysterium und weibliche Jüngerschaft und verbindet uns Frauen mit unserer inneren Göttin.

11. Oktober: Fest der Demeter

Demeter ist die griechische Erdmutter und Korngöttin. Bei den Römern heisst sie Ceres (Ceres haben wir im April kennen gelernt). Sie segnet das Ackerfeld von der Aussaat bis zur Ernte und ist zuständig für die Fruchtbarkeit der Erde und die Jahreszeiten. Bei Demeter handelt es sich auch um eine dreifache Göttin, wie wir sie aus dem keltischen Raum kennen. Sie kann also als junge Frau,

Mutter oder Alte auftreten. Ihre Symbole sind natürlich das Korn und Blumen (besonders Mohn), Samen und Früchte.

Wir können diesen Tag auch heute noch nutzen, um für die Ernte und unser Essen zu danken!

12. Oktober: Fortuna Redux

Fortuna Redux war im Alten Rom eine Opferfeier für glückliche, erfolgreiche Reisen. Es wurde der Glücks- und Schicksalsgöttin Fortuna gedacht, ihr Altar wurde mit Wein und Brot bestückt und es wurden Prozessionen mit Kutschen und Wagen begangen. Vielleicht gedenken wir heute auch einmal den Helfern, die beim Autofahren an unserer Seite sind und uns beschützen, und schenken den Geistern der Strasse ein kleines Dankeschön!

18. Oktober: Grosses Hornfest in Britannien

Dieses Fest wird heute noch zu Ehren des Gehörnten Gottes gefeiert. Dieser geht zurück auf die Kelten, die ihn Cerunnos (der Gehörnte) nannten und der mit einem Hirschgeweih auf dem Kopf dargestellt wird. Cerunnos ist Herr der Tiere und Symbol für Kraft, Fruchtbarkeit, Leidenschaft, Lebenslust und Erdverbundenheit. Im Zuge der Christianisierung und Hexenverfolgung wurden die alten Götter 'verteufelt' und wir können davon ausgehen, dass dieser wilde Gott der Lebensfreude als Vorlage für den Teufel diente.

Heute ist ein Tag, unsere Erdverbundenheit und unsere Sinne zu spüren und diese mit Lebensfreude zu feiern.

31. Oktober / 1. November: Samhain (Halloween)

Jahresende / -beginn, Altes loslassen, Abschied nehmen, Ahnenkontakt, Sterben und Werden

Göttin – Hekate / Cerridwen: Die dunkle Göttin, die Alte
Symbole – Besen, Spukgestalten, Hexenkessel, Kerze
Farben – Schwarz, Orange, Rot, Gold
Pflanzen – Apfel, Kürbis, Rosmarin, Salbei
Öle & Räucherwaren – Weihrauch, Myrrhe, Patchouli
Steine – Obsidian, Bernstein, Hämatit, Granat

Zu Samhain nehmen wir Abschied vom gehörnten Gott, der uns durch den Jahreskreis begleitet und der nun stirbt, um an Yule wiedergeboren zu werden. Wir schliessen Altes ab, damit Neues entstehen kann. Es ist ein Fest der Transformation und des Übergangs.

In dieser Nacht, heisst es, ist das Hin- und Herreisen zwischen der Anderswelt und der physischen Welt besonders leicht, darum besuchen uns die Geister und Ahnen. Früher war das natürlich nicht nur schön und Grund zum Feiern, sondern man hatte vor allem Angst vor den Geistern. Der heutige Brauch, sich als Gespenst zu verkleiden, kommt daher, dass man versuchte, die Gespenster zu vertreiben und los zu werden, indem man sich selbst noch furchteinflössender machen wollte, als sie es waren!

Heute fürchten wir uns weniger vor den Anders-weltlichen, und da der Schleier zwischen den Welten dünn ist, ist es Tradition, die Ahnen und Naturgeister in dieser Nacht zu ehren und das Verhältnis mit ihnen zu pflegen, indem man ihnen zu Essen gibt.

Für die meisten Hexen ist dieses Fest das wichtigste Hexenfest überhaupt.

Rezepte

Hier findest Du Rezepte zum Sternzeichen Waage und seinem Regenten Venus.

Waage-Räucherung

1 Teil Sandelholz
1 Teil Tonkabohne
1 Teil Thymian
1 Teil Rosenblätter

Waage-Duftöl

Das Duftöl kann in der Aromalampe, als Zusatz für ein Badesalz oder eine Bademilch oder mit Trägeröl (ein duftneutrales, hautpflegendes Öl) vermischt als Massageöl verwendet werden.

3 Teile Rosengeranie
1 Teil Ylang Ylang
1 Teil Palmarosa
1 Teil Kardamom

NOVEOOBER

Lass Deine Kraft zu Dir zurückkehren und entfalte Deinen inneren Reichtum. Du bist Du – und das ist gut so.

OOonatscharakter

Schneemond, Nebelmond, Mond der ersten Fröste

Der November ist der elfte Monat des Jahres im Gregorianischen Kalender. Ursprünglich war es der neunte Monat des alten römischen Kalenders, darum der Wortstamm „Nov" (9).

Der November ist der Monat des Todes und der Wiederauferstehung. An Samhain beginnt das (neo-) keltische neue Jahr. Doch die Tage werden stetig kürzer, die Nächte länger und dunkler. Wir nähern uns der dunkelsten Zeit des Jahres.

Nun regiert die Göttin Hel (germanisch), die auch als Percht oder Hekate (griechisch) bekannt ist. Sie ist die Göttin der Unterwelt und vertritt den Aspekt der Übergänge und Wegkreuzungen.

Der Winter kommt näher, im Nebel verschwinden die klaren Konturen der Wirklichkeit. Alles ist andersweltlich angehaucht, das Zwielicht dominiert manchmal auch tagsüber. Wir sehen durch die Schleier wie durch Nebel, während das Leben um uns herum sich vollkommen in sich zurückzieht, um in Ruhe zu überwintern. Dem Skorpion wird ein Hang zum Mystischen nachgesagt, und der November mit seinen Nebelschwaden, der Dunkelheit und Kühle lädt zum (alp)träumen nur so ein. Kein Wunder, dass Geistergeschichten und Ähnliches nun viel Platz haben!

Andere Realitäten werden uns in dieser Zeit viel bewusster als sonst. Die Schatten sprechen zu uns, und aus dem Tiefen flüstern uns die Ahnen zu. Wir sind aufgerufen, uns hinzugeben, loszulassen und anzunehmen, was sich aus dem Nebel zeigt.

Nichts ist, wie es scheint, und nichts scheint, wie es ist. Das Leben ist ein Mysterium, und wir sind mittendrin.

Für Selbstreflexion und Innenschau ist nun die richtige Zeit. Auch für eine Betrachtung und Wertschätzung unserer Familie und unserer Ahnen, denn nun ist der Kanal zu diesen offen und frei. Wir können unser Erbe annehmen, wenn wir wollen.

Tarotkarten	Der Tod (Samhain), König der Kelche und König der Stäbe
Ritualgegenstände	Kessel, magischer Spiegel, Sichel
Symbole	Phoenix aus der Asche, Tore in die Anderswelt (Unterwelt), sich häutende Schlange
Heilige	Apfel, Kürbis, Rotwein, rotes
Nahrungsmittel	Fleisch, Granatapfel, „Totenbeinli" (Kekse in Knochenform), Zartbitterschokolade

Kräuter	Eisenkraut, Salbei, Muskatellersalbei, Borretsch, Mariendistel, Ingwer, Patchouli, Efeu
Blumen	Chrysantheme, Erika
Tiere	Katze, Fuchs, Kröte
Götter	Hekate, Cerridwen, Pluto

Magische Entsprechungen

Die Sonne steht im Skorpion, einem weiblich-passiven Zeichen. Sie drückt mit Mühe durch den Morgennebel.

Da der Skorpion ein Wasserzeichen ist, ist es wieder Zeit für Gefühle, Ahnungen und Orientierung nach innen. Dass er ebenfalls ein fixes Zeichen ist, führt zu einer gewissen Rigidität trotz all seiner mystischen Veranlagung. Hinter den Nebelschwaden der Anderswelt hat es klare Strukturen und Gesetzmässigkeiten. Man hat manchmal das Gefühl, der Skorpion sei gefährlich, aber er ist nur bereit, sich zu verteidigen und nicht von sich aus aggressiv. Manchmal sind Skorpione erstaunlich undiplomatisch, aber sie treffen den Nagel meist auf den Kopf. Er geht über Grenzen hinaus, in jedem Sinne, was ihn manchmal in Schwierigkeiten bringen kann. Skorpione haben etwas Dunkles an sich, das manche Menschen nervös macht.

Edelsteine für den Skorpion sind der Granat, Rubin, Hämatit und Blutstein (wobei man da nie sicher ist, ob nun Hämatit oder rot-grüner Jaspis damit gemeint ist), aber auch der Topas (gelb) und Schneeflockenobsidian und der schwarze Turmalin. Tendenziell alle schwarzen und roten Steine. Sein Metall ist Eisen und Bronze.

Kräuter und Aromen, die zum Skorpion gehören, sind: Basilikum, Piment, Galgant, Veilchen, Fichte, Vanille und Kreuzkümmel. Knoblauch und Cayenne gehören auch zum Mars, der den Skorpion regiert, ebenfalls Ingwer und Stechpalme. Zum Räuchern eignen sich besonders Myrrhe und Benzoe Siam sowie Nelken. Skorpion-Farben sind Braun, Orange, Schwarz und dunkles Rot.

Himmlisches

Sternbild Skorpion, Scorpius (Mythologie)

Wiederum gibt es verschiedene Geschichten, wie der Skorpion an den Himmel gekommen sein soll. Die bekannteste ist diese:

Der grosse Jäger Orion (ein auffälliges Sternbild im Winter) war mit Artemis, der Göttin der Jagd, der wilden Tiere und der Amazonen auf der Insel Chios auf der Jagd (wie könnte es anders sein). Orion, ein notorischer Verführer, der sich schon an den Töchtern des Atlas versucht hatte, die am Ende als die Plejaden im Sternbild Stier endeten, konzentrierte sich mehr auf Artemis als auf die Jagd. Das missfiel den anderen Unsterblichen, die es als grosse Anmassung betrachteten, dass ein Sterblicher solches im Sinn hatte. Hades sandte einen Skorpion, um Orion in die Ferse zu stechen und zu töten. Ob er ihn getötet hat, wissen wir nicht, aber ob nun tot oder lebendig, am Ende landeten beide am Himmel, und zwar so weit voneinander entfernt, dass sie einander nie sehen können.

Pluto, Regent des Skorpions (Mythologie)

Pluto ist der römische Gott der Unterwelt und des Totenreichs. Sein griechisches Pendant ist Hades. Zeus (oder Jupiter) übernahm, nachdem er Kronos (Saturn) entmachtet hatte, die Herrschaft über die hiesige Welt, Hades erhielt die Unterwelt und Neptun (oder Poseidon) bekam die Meere als Herrschaftsgebiet.

Hades ist mit Persephone verheiratet, der Tochter von Demeter, der Korn- und Erntegöttin. Die kam allerdings nicht freiwillig zu ihm in die Unterwelt, sondern er musste sie rauben und entführen.

Hades ist nicht nur der Gott, sondern auch die Bezeichnung seines Reichs, der Unterwelt. Man kam also, wenn man starb, nicht zu, sondern in den Hades. Dort „vegetierten" die Seelen als Schatten dahin. Ein Fährmann, Charon, fährt jede neu verstorbene Seele in einer Barke über den Fluss Styx, der die Unterwelt von der Oberwelt trennt.

Pluto oder Hades als Person wird als strenger, unerbittlicher Gott beschrieben, der bei Menschen wie Göttern unbeliebt war. Nichts und niemand kann ihn dazu erweichen, Seelen, die einmal in sein Reich eingegangen sind, wieder frei zu geben. Einzig Orpheus gelang es, mit schönem Gesang seine Gattin Eurydike zu befreien.

Ⴑexenⴌeⴈeⴘⴑage ⴈm Novemöeⴘ

2. November: Allerseelen

Ja, es gibt nicht nur „Allerheiligen" (am 1. November) sondern auf „Allerseelen". Das ist auch nötig, denn an diesem Tag geht es darum, dass wir Lebenden den Verstorbenen helfen, ihren Seelenfrieden zu finden.

Wir können für sie beten, ihnen gedanklich Liebesenergie senden oder, wenn es nötig ist, ihnen verzeihen und uns mit ihnen aussöhnen.

Natürlich sind viele in völligem Frieden „auf der anderen Seite des Vorhangs". Auch sie freuen sich jedoch über einen liebevollen Gruss von uns.

10. November: Kali Puja in Indien

Die Göttin Kali wird oft als Rächerin bezeichnet, ist aber die dreifaltige Göttin der Hindus und somit nicht nur Zerstörerin, sondern auch Schöpferin und Bewahrerin. Ihre Kraft ist nicht zu zügeln oder zu kontrollieren, was ihr ihren „negativen" Ruf eingetragen haben könnte. Denn auch als Zerstörerin hat sie eine wichtige Aufgabe: Niederzureissen, was nicht (mehr) zu uns gehört.

Kali fordert Dich auf, Deinen Ängsten ins Auge zu blicken und sie zu überwinden. Sie ruht nicht eher, als bis die letzte Furcht ausgerottet ist. Kali ist auch eine Tänzerin. Lege eine CD ein, zu deren Musik Du Dich so richtig austoben kannst und tanze solange, bis Du Deine Ängste aus Dir herausgeschüttelt hast und innerlich ganz ruhig wirst.

16. November: Nacht der Hekate

In dieser Nacht, beginnend am 15. November bei Sonnenuntergang, wurde im alten Griechenland Hekate in ihrem Aspekt als Göttin der Wegkreuzungen gefeiert.

In der griechischen Dichtung wird Hekate oft als eine dunkle und furchteinflössende Göttin dargestellt. Man glaubte, dass Hekate nachts Tote aus ihren Gräbern holt und nachts umherspukt und Wanderer erschreckt. Sie wurde zum Inbegriff der dunklen Magie und der Verschwörungen. Doch archäologische Funde zeigen ein ganz anderes Bild der Göttin: Lichtbringend, jugendlich, segnend. Wahrscheinlich wurde sie von Aussenstehenden des Kultes als dunkel und furchteinflössend dargestellt, während ihre Anhänger ein anderes Bild der Göttin hatten. In der Dichtung tritt sie vor allem mit den Zauberinnen verbunden in Erscheinung.

Sie wurde ursprünglich als eine Magna Mater (grosse Mutter) verehrt und man glaubte, sie würde über die Erde, den Himmel und das weite Meer herrschen und über die Phasen von Geburt, Leben und Tod. Sie ist eine den Menschen sehr hilfreiche Göttin, sie schenkt den Hirten fruchtbare Herden, den Fischern volle Netze, den Jägern reiche Beute, den Athleten und Kriegern Erfolg und Glück im Kampf (oder Wettkampf) und ist neben Zeus die einzige Gottheit, die den Menschen jeden

Wunsch erfüllen oder verweigern kann. Doch genauso wie sie den Segen geben kann, kann sie ihn wieder nehmen, wenn die Göttin es für richtig empfindet.

Uns Hexen ist Hekate wohlbekannt, da sie unsere Beschützerin ist. Heute wäre eine gute Gelegenheit, ihr Respekt zu zollen, indem Du kleine Opfergaben an einer Wegkreuzung ablegst und Hekate um ihre Hilfe und ihr Wohlwollen bittest.

Rezepte

Hier findest Du Rezepte zum Sternzeichen Skorpion und seinem Regenten Mars oder Pluto.

Skorpion-Räucherung

1 Teil Nelke
1 Teil Wacholderbeeren
1 Teil Weihrauch
1 Teil Kiefernharz

Skorpion-Duftöl

Das Duftöl kann in der Aromalampe, als Zusatz für ein Badesalz oder eine Bademilch oder mit Trägeröl (ein duftneutrales, hautpflegendes Öl) vermischt als Massageöl verwendet werden.

1 Teil Kiefernnadeln
1 Teil Kardamom
1 Teil Myrrhe
1 Teil Vanille

Ðezember

Vertraue Deiner Kraft und lasse den Frieden in Dir wachsen. Folge Deiner Bestimmung vertrauensvoll und geduldig. Es bricht eine heilsame Zeit an.

Monatscharakter

Julmond, Kalter Mond, Mond der langen Nächte oder Eichenmond

Ursprünglich war der Dezember der zehnte Monat des alten römischen Kalenders, darum der Wortstamm „Dez" (10). Er wird auch als bezeichnet.

Der Dezember ist der Monat mit den wenigsten Stunden Tageslicht, was manchen Menschen ziemlich auf die Stimmung drückt. Die Nächte sind lang und dunkel, die Kraft der Sonne ist schwach. Manchmal hat man das Gefühl, es werde gar nie richtig hell. Wir sehnen uns nach der Rückkehr des Lichts, welche ab dem 21. Dezember ganz langsam und gemächlich auch kommt.

Es ist die Zeit der Ruhe und Einkehr. Altes ist noch nicht ganz gegangen, das Neue ist noch nicht stark genug. Die Kräfte, die das Rad des Jahres antreiben, manifestieren sich in dieser Zeit. Alles wird durcheinander gewirbelt. Wir Menschen sind in dieser Zeit besonders empfindsam.

Dieser Monat gilt der Familie. Man ist meist zu Hause, da es sowieso nicht reizvoll ist rauszugehen, und widmet sich der Vorbereitung des grossen Festes – Julfest für die

Hexen, Weihnachten für jedermann. Dann kommt die Zeit des Feierns und die Rauhnächte (die 12 Tage vom 21. Dezember bis 6. Januar), in der die Seelen der Toten die Lebenden aufsuchen und Initiationen stattfinden. Aus der Naturgeisterwelt sind die Kobolde und dunklen Elfen besonders aktiv und rütteln alles auf.

Durch unsere Feiern nach der Sonnwende locken wir die Sonne wieder zurück. Nun ist auch eine Zeit, um Geschichten zu erzählen, zusammen Zeit zu verbringen und die dunkle Zeit kurzweilig zu gestalten, auf dass sie dann bald zu Ende gehen möge.

Tarotkarten	der Eremit, die Herrscherin, König der Scheiben (Yul-König)
Ritualgegenstände	Pentakel, Lochsteine, Knochen, Sichel zum Mistelschneiden
Symbole	alle weissen Tiere, Höhlen, schlafender Bär, Dunkelheit
Heilige Nahrungsmittel	Ingwer (erwärmend), Kohl (ein haltbares Gemüse)
Kräuter	Kümmel, Koriander, Zimt (Glühweingewürze, Feuergewürze, erwärmend), Mistel, Stechpalme
Blumen	Weihnachtsstern
Tiere	Bär, Büffel, Steinbock
Götter	Das Sonnenkind, der Eichen- und der Stechpalmenkönig

Magische Entsprechungen

Die Sonne steht im Schützen, einem Feuerzeichen. Obwohl der im ersten Augenblick aussieht wie ein krasser Gegensatz zum vorhergehenden Skorpion, entsteht der eine (nur schon natürlich aus dem Jahreskreis heraus) aus dem anderen. Tod, Wiedergeburt, Mystizismus führen direkt zur Verbindung des Schützen mit Religion, Idealen, Reiselust. Nachdem man durch diese Phase der Dunkelheit gegangen ist, wendet sich die Seele dem Licht zu. Der Schütze ist ein bewegliches, anpassungsfähiges und philosophisch-religiöses Zeichen, von Jupiter regiert. Der Blick ist nach vorn gerichtet in dieser Zeit, man will Zusammenhänge verstehen und den Sinn des Lebens ergründen. Routine ist unerwünscht.

Zum Schützen passen gut der Amethyst, Sodalith, Chalzedon und Lapislazuli sowie weitere blaue Steine wie Türkis und blauer Topas. Auch Obsidian passt zum Schützen. Blau ist die Farbe, die zum Schützen gehört (was sich in seinen Steinen widerspiegelt).

Kräuter und Aromen des Schützen sind Salbei, Nelke, Zeder, Muskat, Zimt, Ysop, Weihrauch, Orange, Lindenblüte und Löwenzahn. Sein Tag ist der Donnerstag, der wie er von Jupiter regiert wird.

Himmlisches

Sternbild Schütze, Sagittarius (Mythologie)

Der Schütze stellt bei den Griechen den Zentauren Chiron dar. Zentauren sind Wesen mit menschlichem Oberkörper und dem Körper eines Pferdes. Generell werden sie eher als wilde Wesen empfunden, aber Chiron war sehr gebildet, vor allem auch in den medizinischen Künsten und in der Poesie. Da er, obwohl er unsterblich war, wegen einer vergifteten Pfeilspitze in seinem Huf an ständigen Schmerzen litt, wünschte er sich, dass er sterben könne. Zeus erbarmte sich seiner und versetzte ihn an den Himmel.

Jupiter, Regent des Schützen (Mythologie)

Jupiter ist der höchste Gott der Römer und entspricht weitgehend dem griechischen Zeus, dem Göttervater. Er ist der Wettergott (man sagt, er schleudert die Blitze und lässt es donnern) und wird auch als Lichtbringer angesehen. Von seiner Aufgabe als Wettergott her ist er mit dem germanischen Thor oder Donar verwandt.

Jupiter ist Sohn des Saturn und der Ops und war derjenige, der am Ende seinen Vater vom Himmelsthron vertrieb, wie eine Prophezeiung das vorhergesagt hatte. Die genaue Geschichte habe ich bei Saturn schon beschrieben.

Römische Sagen, die sich um Jupiter ranken, gibt es wenige, wie meistens wurde die griechische Mythologie und die griechischen Geschichten erzählt. Über Zeus gibt es natürlich viel zu berichten, denn nicht nur war er sehr wichtig, sondern auch ein notorischer Fremdgänger. Eigentlich war er ja mit Hera, seiner Schwester, verheiratet. Mit ihr hatte er einige Kinder, eins davon war

Hephaistos, der Gott der Schmiedekunst und Ehemann von Aphrodite. Daneben hatte er aber viele Kinder aus Liebschaften, davon sind die bekanntesten wohl:

Herkules, der bekannte Held (Mutter: die sterbliche Alkmene, eine Königstochter)

Artemis und Apollon, die Göttin der Jagd und der Wälder und der Gott der Künste und des Lichts (Mutter: Letho, eine Titanentochter)

Dionysos, der Gott des Weines (Mutter: Demeter, Persephone oder Lethe, das weiss man nicht so genau)

Helena, eine umwerfende Schönheit, die als Anstoss für den trojanischen Krieg gilt (Mutter: Leda, grösstenteils sterblich, hat irgendwo Ares in ihrer Ahnenreihe)

Daneben gab es noch Athene, die direkt aus seinem Kopf entsprang, die Göttin der Weisheit und des Wissens. Sie war seine Lieblingstochter.

Viele seiner Liebschaften konnte Zeus durch List und Tücke erreichen (ich frage mich gerade, was das über seine Attraktivität aussagt), indem er sich in ein Tier verwandelte, zum Beispiel einen Schwan.

Zeus, sein Gefolge sowie seine Götterkollegen lebten auf dem Olymp, dem höchsten Gebirge Griechenlands. Sehr viele Heldentaten sind von Zeus nicht bekannt, die Geschichten, die man von ihm erzählt, handeln meist von seinen Liebschaften.

ђexenρeιeʀτaɣe ιm Õezemɓeʀ

3. Dezember: Fest der Göttin Bona Dea

Bona Dea bedeutet „Die gute Göttin". Dieses Fest wurde im alten Rom begangen und ausschliesslich von Frauen gefeiert. Bona Dea gilt als die Göttin der Gerechtigkeit sowie auch der Fülle und des Teilens unter Gleichgesinnten.

Für Frauen der ideale Tag, um ihre Freundinnen zum Essen einzuladen und die gegenseitige Freundschaft zu feiern. Ein Tag, um sich bewusst zu werden, wie verbunden wir Frauen untereinander sind und was uns dies bedeutet.

6. Dezember: Sankt Nikolaus

Dieser Feiertag geht auf Nikolaus von Myra zurück, der im 4 Jahrhundert an einem 6. Dezember gestorben ist (offensichtlich weiss man den Tag, aber was das Jahr angeht, sind sich die Quellen uneinig). Er ist der Schutzpatron der Kaufleute, Seefahrer, Handelsreisenden, Kinder und Schüler und einer der wichtigsten Heiligen der christlichen Mystik. Es gibt viele Legenden und Bräuche, die mit ihm zusammenhängen. In meiner Kindheit kam jeden 6. Dezember eine als Nikolaus verkleidete Person und läutete an allen Türen, verteilte Mandarinen, Nüsse und Schokolade. Er fragte aber auch, ob man denn brav gewesen sei und ob die Eltern mit einem zufrieden waren. Wenn nicht, dann hatte man als Kind damit zu rechnen, dass Nikolaus einen in seinen

Sack steckte und mitnahm, statt dass er einen beschenkte! Meiner Tante soll das mal passiert sein, hat mir meine Mutter erzählt. Ich hab mich dann immer hinter der Türe versteckt und wollte keinen „Samichlaus" sehen....

Die Geschichte dazu war, dass der Nikolaus in seinem roten Mantel mit weissem Pelzbesatz, begleitet vom „Schmutzli", seinem Knecht, der braun oder schwarz gekleidet war, aus dem Schwarzwald kam. Dort wohnte er den Rest des Jahres über. Die Beiden hatten einen Esel dabei, der den Sack mit den Waren trug.

Irgendwie eine romantische, schöne Idee, wenn man sich die Zwei mit ihrem Eselchen so vorstellt, wie sie durch den tief verschneiten Schwarzwald wandern...

13. Dezember: Lucia-Fest in Schweden

Lucia war einst die Sonnengöttin und wurde unter der Christianisierung zur Heiligen Lucia.

In Schweden begrüssen Mädchen an diesem Tag ihre Familie mit einer Lichterkrone im Haar zum Gedenken an die Lichtbringerin Lucia, dem Sonnenschein in diesen dunklen Tagen.

Im übertragenen Sinn können wir an diesem Tag Sonnenschein verbreiten, indem wir den Menschen um uns herum bewusst mit einem Lächeln begegnen.

17. – 19. Dezember: Saturnalien

In Rom feierte man das Fest der Saturnalien zu Ehren des Saturn. Dabei wurden Saturn vor seinem Tempel Opfer dargebracht und es fand ein Festmahl statt. Es wurde getrunken und gespielt, man sah viele Dinge lockerer als sonst. Es wurde für diese Tage ein Saturnalienfürst gewählt, der die Privilegien des Gottes genoss und nach dem Fest den Herostod sterben musste, von eigener Hand oder später, als man das als zu barbarisch betrachtete, in einer vorgetäuschten Exekution, die auch heute noch teilweise beim Winterkarneval stattfindet.

21. Dezember: Alban Arthuan / Yule

Innenschau, Verlangsamen, Nachdenken, innere Prozesse wahrnehmen, Neues empfangen

Gott – Eichenkönig / Stechpalmenkönig, das Sonnenkind
Göttin – die Grosse Göttin, die das Sonnenkind gebiert
Farben – Rot, Grün, Weiss, Gold
Symbole – Immergrüne Bäume (Kiefer, Eibe, Fichte), ein Rad mit 8 Speichen, der Yul-Zweig
Pflanzen – Immergrüne Pflanzen, Stechpalme, Baldrian
Gewürze & Öle – Zimt, Myrrhe, Fichte, Safran, Ingwer
Steine – Bergkristall, Rubin, Diamant

Yule ist der Wendepunkt, ab dem die folgenden Tage wieder länger werden und das Licht über die Dunkelheit siegt, während der Winter seinen Übergang in den kommenden Frühling findet.

Der gehörnte Gott, der zu Samhain gestorben ist, wird heute neu geboren. Bald reift er vom Kind zum gehörnten Gott heran und wird dann zum Gefährten der Göttin.

Diese Geburt steht für den Neuanfang, mit dem die Natur dann wieder aus dem Winterschlaf erwachen kann. Das

Julfest und das Austauschen von Geschenken ist seit jeher mit dem Feiern dieser Neugeburt verbunden. Da es Winterzeit ist, die Zeit der Einkehr und Stille, ist Jul traditionell ein besinnliches und ruhiges Fest. Darum wünschen wir uns auch gegenseitig eine besinnliche Weihnachtszeit, auch wenn wir alle genau wissen, dass wir aller Wahrscheinlichkeit nach ziemlich Stress damit haben ;-)). Man kann diese Zeit nutzen, um über sich selbst, das vergangene Jahr und seine Erfolge und das, was man lernen durfte, nachzudenken.

Der Eichen- und Stechpalmenkönig

Der Hexengott ist der Herr der Wälder, der Gefährte der grossen Göttin und Herrin der Wälder. Man kennt ihn auch unter dem Namen Cerrunnos, der grüne Mann, Herne der Jäger oder Herr der wilden Jagd. Er ist ein Gott der Fruchtbarkeit, des Wachstums, des Todes und der Wiedergeburt.
Der gehörnte Gott hat zwei Gesichter:
Der Eichenkönig regiert von Mittwinter (Wintersonnwende) bis Mittsommer (Sonnenwende). In der anderen Zeit (also vom 21. Juni bis am 21. Dezember) regiert der Stechpalmenkönig. An den Sonnwenden bekämpfen sich die beiden jeweils, und der eine geht unter. Sie sind wie die zwei Seiten einer Münze, keiner kann ohne den anderen existieren.

23. Dezember: Tag des heiligen Narren

Der Tag des Heiligen Narren basiert auf den keltischen Königsmythen, die besagen, dass sich der König in schlechten Zeiten für sein Volk opfern muss.

Heute übernimmt der Narr die Macht und setzt sich für einen Tag auf den Thron. Er wird gekrönt und ist Herrscher für diesen Tag, während sich der König versteckt hält. Am nächsten Tag wird der König ihn vom Thron jagen und die Herrschaft wieder übernehmen.

Dieser Brauch symbolisiert sowohl den Tod als auch die Wiedergeburt.

Für uns ein Anstoss, um einen Tag lang die Welt mit den Augen des Narren zu betrachten. Was ist wirklich ernst? Worüber kann man im Grunde nur lachen? Ist nicht Vieles grotesk? Wie wichtig sind manche Dinge wirklich?

31. Dezember: Fest der Hestia

Dies ist das Fest der Göttin Hestia, der Hüterin des Herdfeuers im Alten Griechenland. An diesem Tag wurden ihr zu Ehren Speisen ins Herdfeuer geworfen und duftende Kräuter verbrannt.

Hestia ist einer der ältesten Göttinnen überhaupt und verkörpert die Mitte eines Heims oder einer Gemeinschaft. Das sie die Hüterin der Flammen ist, kann sie bereits mit dem Entzünden einer Kerze herbeigerufen werden.

Hestia steht auch für das Feuer der eigenen Mitte und fordert uns auf, uns um unsere Ganzheit zu kümmern und zu uns selbst zu kommen. Auf diese Weise erschaffen wir uns den Platz in der Welt, wo wir hingehören und an dem wir uns aufgehoben und geborgen fühlen. Ein guter Ansatz fürs Neue Jahr, nicht?

Veranstaltungen

Im Dezember gibt es sehr viele Weihnachtsmärkte, an denen auch Mittelalter-Fans auf ihre Kosten kommen. Such einfach mal im Internet!

Ebenfalls im Dezember (Anfang) findet die Esoterik- und Naturheilkunde Messe in Bern statt. Es ist die letzte einer Reihe von Veranstaltungen der Esonatura, die in der Schweiz und in Österreich und Lichtenstein stattfinden. Vom Inhalt her ist sie mit der Lebenskraft-Messe zu vergleichen, also sehr umfangreich. Mehr Informationen gibt's hier: www.esonaturamesse.com.

Rezepte

Hier findest Du Rezepte zum Sternzeichen Schütze und seinem Regenten Jupiter.

Schütze-Räucherung

2 Teile Weihrauch
1 Teil Salbei
1 Teil Sternanis
1 Teil Nelke

Schütze-Duftöl

Das Duftöl kann in der Aromalampe, als Zusatz für ein Badesalz oder eine Bademilch oder mit Trägeröl (ein duftneutrales, hautpflegendes Öl) vermischt als Massageöl verwendet werden.

2 Teile Orange
1 Teil Anis
1 Teil Ysop
1 Teil Zimt

Die Autorinnen

Eilwen Guggenbühl ist hauptberuflich Tierkommunikatorin und Ausbildnerin für Tierkommunikation und Hexentum. 1969 geboren, ist sie eine frühe Vertreterin der „Kinder der neuen Zeit", die ihre Bestimmung erst suchen und finden musste.

Schon als Jugendliche fühlte sie sich zu spirituellen Themen und Esoterik hingezogen. Nach ihrem Studium der Erdwissenschaften arbeitete sie einige Jahre als Versicherungsinformatikerin, liess sich dann zum Coach und zur Erwachsenenbildnerin umschulen und machte schliesslich ganz den Schritt in die spirituelle Arbeit, als sie die Tierkommunikation als einen Teil ihrer Berufung entdeckte. Mit ihrer Freundin und Seelenschwester Sybille Lüthi hat sie eine Weile unter dem Namen „Feenkreis" zusammen gearbeitet, Inhalt dieser Zusammenarbeit waren Kurse für spirituelle Entwicklung, Jahreskreisfeste und das „Anderswelt-Bulletin", das einmal monatlich erschien.

Heute lebt sie im Zürcher Unterland (Schweiz) gemeinsam mit ihrem Partner und ihren 8 Katzen (Stand Anfang 2010). Eilwen gibt Kurse und Ausbildungen in Tierkommunikation, Spiritualität und Hexentum, ihre Spezialität ist mediale Wahrnehmung und eine grosse Vorliebe für Mythologie, die Sterne und das alte Wissen der Germanen und Kelten.

Sybille ist Spezialistin für Energiearbeit und bietet Lebens- und Tierkommunikationsberatung an, zudem unterrichtet sie Reiki, Numerologie und Tierkommunikation.

Kontaktinformation

Eilwen

Eilwen Guggenbühl
e-mail: e.guggenbuehl@gmail.com

Eilwen – Webseiten
www.catlife.ch
www.wizardschool.ch
www.rhiannon.ch

Sybille

Sybille Lüthi
e-mail: seelenkraft@bluewin.ch
www.seelenkraft.ch